AF570425

TERRAINS VAGUES

Une enfance allemande (1944-1958)

Graveurs de mémoire

Cette collection, consacrée à l'édition de récits de vie et de textes autobiographiques, s'ouvre également aux études historiques. Depuis 2012, elle est organisée par séries en fonction essentiellement de critères géographiques mais présente aussi des collections thématiques.

Déjà parus

Nguyen Ky (Nguyen), *Saigon après 75, une histoire oubliée*, 2013.

Ebner (Olivier), *Venu de Bucovine, Itinéraire d'un survivant raconté par son fils*, 2013.

Bourreau (Hélène), *Dans les coulisses d'une mairie, visites insolites*, 2013.

Jaspard (Alain), *Florent Fels ou l'Amour de l'Art*, 2013.

Culas (Adeline), *En Bresse autrefois… Souvenirs de la vie d'antan*, 2013.

Atchénémou (Avocksouma Djona), *Enterrons la veuve avec l'enfant. Orphelin en pays tchadien*, 2013.

Benacerraf (Armand), *Cardiologue et cardiaque. Au cœur d'une vie*, 2013.

Brovelli (Claude), *De l'AFP à la télé, mes sept vies sur les points chauds du globe*, 2013.

Barbe (Jean- Edouard), *Cinquante ans au Quartier latin. Une vie en musique et en chansons*, 2013.

Ces huit derniers titres de la collection sont classés par ordre chronologique en commençant par le plus récent.
La liste complète des parutions, avec une courte présentation du contenu des ouvrages, peut être consultée sur le site www.harmattan.fr

Francine FELLRATH-BACART

Terrains vagues

Une enfance allemande
(1944-1958)

Autres ouvrages du même auteur

Avec Ingo Fellrath :

La guerre de 1870-1871 en Touraine : un nouvel éclairage, Paris, L'Harmattan, 2011, 227 p.

Avec Ingo Fellrath, à compte d'auteur :

Plaques et stèles commémoratives en Indre-et-Loire (1939-1945), 2007, 159 p.

À compte d'auteur :

Des rives, 2 vol., 2004-2005, épuisés.
Pointes de feu, 2006, épuisé.
Cours et courants, 2008, épuisé.

5-7, rue de l'École-Polytechnique, 75005 Paris

http://www.harmattan.fr
diffusion.harmattan@wanadoo.fr
harmattan1@wanadoo.fr

ISBN : 978-2-343-02095-2
EAN : 9782343020952

Au petit garçon

À Nino, Jules et Fleur

Le pire serait de se cramponner à un récit comme aux débris d'un naufrage en sachant bien qu'on n'a pas une chance d'en réchapper

Pierre Péju
La Vie Courante

Du sprichst von Zeiten, die vergangen sind
Friedrich von Schiller
Don Carlos (I - 2)

Prologue

Schwäbisch Hall, Bade-Wurtemberg, décembre 1945.

La pièce froide et exiguë s'assombrissait tandis que déclinait le soleil, il n'était que 4 h mais bientôt, Kurt serait plongé dans la pénombre. Allongé sur son lit, il ruminait, une étincelle de colère dans les yeux. Qui l'avait dénoncé ? Était-ce sa belle-mère, la baronne, qui ne le portait pas dans son cœur ? Ou bien le second mari de sa mère, Oskar, qui ne l'aimait pas non plus ? Il se leva brusquement pour allumer la lumière, appuyant sur l'interrupteur déglingué avec précaution. La faible lueur jeta un cercle blafard sur le plancher au milieu de la pièce et presque aussitôt les filaments de tungstène se mirent à grésiller. L'ampoule était en bout de course, un de ces jours, elle n'éclairerait plus rien. Il alla se planter sous l'abat-jour et leva les yeux vers le fil qui pendait du plafond.

Il percevait les grésillements, telles d'infernales vibrations qui lui transperçaient le crâne. Si l'ampoule sautait, là, maintenant, il se retrouverait dans le noir. Il avait horreur du noir, il s'y sentait vulnérable, pris au piège. Mais tu as été pris au piège, imbécile ! marmonna-t-il, rageur. La table bancale, le tabouret, la chaise, l'évier, et, au-dessus, la petite armoire accrochée au mur étaient les seuls objets dans la pièce qui lui apportaient un je-ne-sais-quoi de réconfort. S'ils se dérobaient à sa vue, il perdrait ses repères.

Kurt s'approcha du miroir rectangulaire et tourna son visage légèrement de côté. Le nævus familier qui descendait de sa tempe gauche jusqu'à la pommette était à nu, laid. Il n'avait rien à sa portée pour le soustraire aux regards. Quand il était enfant, il ne s'en souciait guère, sa grand-mère lui avait dit qu'il était semblable à nul autre avec cette fleur rouge vin. Ta mère avait toujours envie de manger des fraises pendant qu'elle t'attendait, riait-elle. Il s'était accommodé de cette explication. Plus tard, on s'était moqué de lui, à la petite école. Au début, il laissait faire, il tournait le dos ; mais peu à peu, il s'était senti humilié, blessé à vif, les railleries lui devinrent insupportables, il se battit avec les garçons, souvent le maître le gronda, il serrait les dents.

Lorsqu'il s'intéressa aux filles, cette marque de naissance disgracieuse lui fit honte, comment la cacher ? En la couvrant de poudre de riz qu'il chipait à sa grand-mère ; le rouge tournait au mauve, de la couleur du vin qu'on eût trempé dans du lait. Cela ne semblait pas déplaire aux demoiselles dont il s'entourait volontiers. Au contraire, elles voulaient la lui caresser, prétextant que « cela porte bonheur ». Il ne se fit pas prier pour s'en persuader.

À vingt-six ans, il avait rencontré Greta à Bromberg. Elle n'avait que dix-huit ans, si belle, si séduisante. Il aurait fait n'importe quoi pour attirer son attention. Il l'avait abordée, alors qu'elle était assise à la terrasse d'un café en compagnie de sa meilleure amie Ursula. Elle l'avait suivi au bar…

Très vite elle lui avait montré comment dissimuler l'envie sous une fine couche de fond de teint ivoire sur lequel elle ajoutait un voile de poudre afin d'adoucir le grain de la peau. Regarde ! disait-elle, on ne voit plus rien. Il lui plaisait ainsi, il était bel homme. Depuis ce temps-là, il se maquillait le matin, se démaquillait le soir. Il fallait désormais renoncer à paraître, être tel qu'en lui-même. Il se détestait ainsi.

D'un pas hésitant, il marcha vers la chaise et se laissa choir dessus. Son carnet était sur la table, ouvert à la première page. Il se mit à relire ce qu'il avait écrit la veille :

Je m'appelle Kurt Brenner, né le 26 mai 1916 à Würzburg, en Franconie. Longtemps j'ai cru que l'homme qui vivait avec ma mère était mon père. Lorsque j'ai appris que, de lui, je ne portais que le nom, je me suis senti trahi. Babette, ma mère, ne m'a pas révélé l'identité de mon père biologique. Avant que je prenne le chemin de l'école primaire et pendant ma brève scolarité, elle travaillait et n'avait pas le temps de s'occuper de moi.

Seuls de mauvais souvenirs me reviennent de mon enfance, je n'aimais pas l'école, je n'avais pas d'amis, c'était une époque où nous étions privés de l'essentiel, je me rappelle la grève générale de 1923, j'avais sept ans et Oma[1] ne cessait d'en parler avec les voisins, c'est terrible, ces violents affrontements entre des soldats et la population… Nos ennemis nous prennent tout, nos céréales, notre charbon, notre bétail. Nous vivons des heures graves, répétait-elle. Je ne comprenais pas ce qu'elle voulait dire. Alors elle tentait de me l'expliquer à

[1] Grand-mère, mamy, en allemand.

sa manière : bientôt, nous n'aurons plus grand-chose à manger. Que se passera-t-il demain ? Qu'allons-nous devenir ? Je n'étais pas plus avancé, Oma ajoutait c'est pareil pour tout le monde, nous avons tout perdu. Je me souviens encore de cette phrase-là : nous avons tout perdu, et je revois son regard se durcir, ses yeux bleus fixant les miens, sa main posée sur mon épaule. Puis elle demeurait silencieuse quelques instants et repartait dans la cuisine. J'avais la haine en moi et un désir ardent, l'ambition de m'en sortir et devenir quelqu'un. Les journées s'écoulaient, rien ne changeait.

Je me rappelle le jour où un inconnu a frappé à la porte de notre maison, c'est comme si c'était hier, je venais d'avoir dix-sept ans. C'était un homme bien de sa personne, vêtu d'un costume gris sombre, le regard austère. Oma n'a pas eu l'air surprise de sa visite. Ils ont bavardé quelques instants puis il est parti non sans lui avoir jeté un coup d'œil complice. Qui est-ce ? lui ai-je demandé. C'est toi qui l'as fait venir ? Elle n'a pas répondu tout de suite. Ta mère et moi n'avons pas assez d'argent pour t'envoyer poursuivre des études, ça coûte trop cher, a-t-elle soufflé en guise de réponse. On peut faire confiance à cet homme, il reviendra demain à l'aube. Je vais te préparer un sac. Tu partiras avec lui, feras ce qu'il te demande, c'est bien simple, tu n'auras qu'à lui obéir. Il y en a d'autres qui, comme toi, veulent remettre sur pied notre pays délabré… C'est ce qu'il y a de mieux, ajouta Oma d'une voix sinistre.

Kurt releva la tête. Il essaya d'immobiliser la table bancale en la poussant contre le mur. Combien de fois avait-il tenté de le faire, il n'aurait su le dire, c'était peine perdue. Les filaments grésillaient, inlassables, il ferma les yeux, des images se bousculèrent dans sa tête, se déchirant les unes après les autres avant de se disperser au fond d'un kaléidoscope dont les fragments de verre colorié avaient terni et ne reflétaient plus que des formes bleuâtres et sombres ; il frappa ses poings sur la table, ça non plus ne servait à rien, s'il appelait, personne ne viendrait, on l'avait prévenu. À quoi bon ? À quoi bon revenir en arrière, essayer d'expliquer les choses ? C'était pourtant ça la réalité. Kurt se pencha sur son carnet et abrégea son récit :

Lorsque je sortirai d'ici, dans deux ans… cela me paraît si long aujourd'hui ! … mon fils Leo me posera des questions. J'aurai des comptes à lui rendre. Greta m'a annoncé dans une lettre qu'elle était enceinte de trois mois. Elle voulait en être sûre avant de me le dire. Comme je suis heureux à l'idée d'avoir un second enfant ! Pourvu que ce soit un garçon, oui, c'est pour mes fils que je vais me battre, je ne leur cacherai rien de ma vérité.

Enfance

Des deux premières années de sa vie, le petit garçon n'a pas de souvenirs. La ville où il est né, le 24 septembre 1944, s'appelait Bromberg. À cette époque, elle était en Prusse occidentale, une région intégrée d'office dans le Reich. Elle ne s'appelle plus ainsi depuis longtemps. Après la guerre, elle a repris son nom, Bydgoszcz, et réintégré son pays, la Pologne. C'est Greta, sa mère, qui lui a raconté quelques fragments de sa petite enfance, quand il lui rendit visite, bien plus tard.

Le 21 janvier 1945, quatre mois après sa naissance, lorsque les armées soviétiques approchèrent de la ville, Greta, sans nouvelles de son mari, se prépara en toute hâte et quitta Bromberg, une valise à bout de bras, un baluchon sur le dos et son bébé enveloppé dans un châle dans l'autre bras. Ils furent des milliers à déserter leurs foyers pour se retrouver sur les routes, à pied, en voitures ou en carrioles, direction l'ouest pour échapper à l'invasion. La grand-mère maternelle du petit garçon, Ilse von B., avait conseillé à Greta de prendre la direction de Gotenhafen, sur la mer Baltique, au nord de Danzig – le port s'appelle Gdynia aujourd'hui – afin d'embarquer sur le *Wilhelm Gustloff*, qui devait appareiller pour Hambourg au matin du 30 janvier.

Mais une fois parvenue au port après un voyage périlleux en chemin de fer, combien de fois le train avait été immobilisé des heures en pleine campagne… Greta découvrit les colonnes ininterrompues de fugitifs, militaires et civils confondus et, parmi eux, d'innombrables femmes accompagnées de leurs enfants qui espéraient monter à bord du paquebot. D'instinct, cela lui déplut d'être contrainte à l'attente dans une queue interminable. Elle rebroussa chemin et se glissa dans un convoi en partance vers l'ouest par un froid glacial. Un long calvaire commençait pour ces familles qui n'avaient presque rien à se mettre sous la dent et dormaient dans des hangars, la nuit.

Quand il fêta ses dix ans, sa mère lui narra une partie de cette épouvantable expédition ; elle lui expliqua que, pour l'hydrater, elle lui avait fait boire un peu de l'eau qui alimentait la chaudière d'une locomotive ; il en avait attrapé une diarrhée sanglante, et le médecin que le hasard avait mis sur leur chemin lui avait donné des médicaments opiacés. Qui l'avaient apaisé et guéri.

Finalement, au bout de combien de temps, il ne l'apprit jamais, le convoi arriva à… Hambourg, dans le port duquel le paquebot devait débarquer ses passagers ! Sans trop savoir où ils atterriraient, les gens avaient suivi le même itinéraire, qui à pied, qui entassés dans des charrettes, qui en autocars, pour les plus chanceux.

Dans les années soixante, lorsque son fils se fit plus insistant pour savoir ce qui s'était passé en 1945, Greta lui révéla d'autres détails qui la faisaient trembler d'effroi, rien que de les évoquer. Elle lui dit qu'elle avait eu un sacré flair de ne pas monter à bord, car à peine le paquebot avait-il jeté l'ancre qu'il fut torpillé par un sous-marin russe qui patrouillait dans la Baltique. Ce fut une panique générale et les mauvaises conditions atmosphériques n'arrangèrent rien, il faisait un froid terrible, jusqu'à –15°C. Tout le monde se précipitait en même temps pour gagner les radeaux qui avaient été mis à l'eau, entre les blocs de glace. En moins d'une heure, le *Wilhelm Gustloff* avait coulé, entre 7 000 et 9 000 passagers périrent noyés, seul un petit millier fut sauvé. Des femmes à bord étaient si affolées qu'elles abandonnaient leurs enfants sur place…

Ils étaient parvenus à Hambourg, il ne fut pourtant pas question pour eux d'y rester, la ville était un champ de ruines, des quartiers entiers avaient été rasés. Le port avait été la cible privilégiée de l'aviation britannique, imaginez… plus de deux cents raids sur Hambourg entre 1940 et 1945… Alors, ils repartirent sur les routes. Une autre fois, sa mère lui raconta les heures pénibles à attendre des omnibus, puis celles passées dans des compartiments bondés où les gens devaient se coller les uns contre les autres, où régnait l'odeur abominable de fluides corporels, sueur, urine et mauvaise haleine mélangées…

Leur périple prit fin à Lorch, une petite ville située dans le Württemberg, à l'est de Stuttgart. C'est là que vivait, avec son deuxième mari Oskar W., la grand-mère paternelle du petit garçon. Plutôt que d'aller retourner vivre auprès de sa mère, Ilse, Greta préféra s'installer avec son fils chez sa belle-mère. Elle n'aimait guère s'étendre sur les mauvaises relations qu'elle entretenait avec sa propre mère, qu'elle traitait de fabulatrice. Ilse von B., née en 1887 à Grobin, dans la Courlande, était une femme de caractère, autoritaire et égoïste. Elle mentait avec un aplomb tel que personne, y compris elle-même, ne s'en rendait plus compte. Et puis, elle travaillait et n'avait pas le temps d'élever sa fille. Elle enseignait le russe et c'est probablement à Saint-Pétersbourg qu'elle avait rencontré celui qui allait devenir son époux, le baron Herbert von B., dont l'ancêtre avait fondé Riga en 1201 et, l'année suivante, l'ordre Porte-Glaive. Un ordre religieux et militaire destiné à évangéliser la Livonie, alors païenne.

Herbert était déjà marié, père de famille ; cela ne l'empêcha pas de demander le divorce pour épouser cette belle roturière distinguée qui aimait les bijoux, les perles en particulier, qu'elle portait en sautoir et en boucles d'oreilles. Leur mariage eut lieu en 1923 à Saint-Pétersbourg, où le baron avait travaillé au service du tsar. Greta y naquit en janvier 1924. Herbert von B. resta là-bas, impossible de savoir ce qu'il devint, sa trace fut perdue, où et quand il mourut, nul ne le sut. Disparu dans les geôles bolchéviques, peut-être.

Depuis l'indépendance de l'Estonie, de la Lituanie et de la Lettonie, le règne des barons baltes avait pris fin. Déjà après la révolution de 1917, les Baltes avaient dû se battre contre les Allemands d'une part et contre les bolcheviks d'autre part. Ce fut une période compliquée de l'histoire. Pendant la Seconde Guerre mondiale, la situation devint plus trouble encore… L'on comprend mieux pourquoi Ilse, au lieu de repartir dans sa famille à Pernau, dans le golfe de Riga, se réfugia alors avec son bébé en Allemagne, à Schwäbish Hall, où se déroula sa carrière d'enseignante.

Revenons à sa fille Greta qui s'apprêtait tant bien que mal à mener une nouvelle existence à Lorch, chez Babette et Oskar. Ces derniers se réjouissaient déjà à l'idée de garder leur petit-fils auprès d'eux lorsque sa mère aurait trouvé un emploi, quand le village fut bombardé quelques semaines après. Mère et fils furent obligés de repartir à Schwäbish Hall. Afin d'éviter d'inévitables conflits avec sa mère, elle trouva un logement chez une vieille dame, Mme Angermeier, à Allach, non loin de Munich. Le petit garçon y vécut jusqu'en 1949.

Ses premiers souvenirs remontent à cette époque-là. Il se rappelle qu'un matin, un monsieur est arrivé, qu'il n'avait jamais vu auparavant. Mon nom, c'est Kurt, a-t-il murmuré au petit garçon. C'est ton père, a dit Greta d'une voix cassante. Kurt lui a tendu une corde à sauter, tiens, c'est pour toi… un cadeau. Le petit garçon a dévisagé l'inconnu avant de sortir dans la cour avec son nouveau jouet. Lorsqu'il est rentré, Kurt n'était plus là. Mais il est revenu plusieurs fois, à intervalles réguliers. Une corde à sauter, c'est pour les filles, s'est récrié l'enfant.

Le petit garçon se rappelle qu'une voiture est tombée en panne devant la maison tandis qu'il jouait sur la marche à la porte d'entrée ; il a vu deux hommes, le conducteur et son passager, sortir du véhicule, ouvrir le capot et s'affairer au-dessus. Il s'est approché et juste à la hauteur de ses yeux, il a vu un tuyau qui pendouillait à l'intérieur ; il a dit à l'un des gars c'est ce truc, là, qui ne marche pas, en désignant le tuyau. Le gars l'a enfoncé, resserré, refermé le capot, tourné la clé dans le contact et, miracle, le moteur s'est remis en marche. Les deux gars l'ont récompensé avec une pièce d'argent. Il était si fier de lui ! Il se souvient aussi qu'il allait se coincer les pieds derrière les barreaux qui protégeaient les fenêtres d'une maison en face de chez eux, et avec une extrême prudence, il étirait les bras et se laissait partir à la renverse, comme s'il faisait des galipettes en arrière!

Il ne se souvient pas d'avoir fréquenté le *Kindergarten*[2] local. Il s'amusait à suivre Mme Angermeier dans le poulailler et lui demandait à tout bout de champ d'une voix chantante : *Frau Angermeier, was kosten die Eier?* Il s'en fichait pas mal de savoir combien coûtaient les œufs, il avait compris que la question enrageait la vieille dame. Sa mère l'avait surpris un matin avant de partir au travail – elle avait obtenu un poste de secrétaire chez les Américains – et l'avait grondé. Il devait aller sur ses quatre ans alors, c'était un enfant espiègle, et joyeux. Seul son petit frère, Joachim, lui manquait.

Quand Greta était tombée enceinte, elle avait expliqué au petit garçon qu'un jour ou l'autre, ils seraient tous réunis et formeraient une famille mais en attendant, ils devaient être séparés. Lorsque Joachim vint au monde, le 12 juin 1946, Ilse la baronne décida de veiller sur le nouveau-né, Greta n'eut pas son mot à dire, cela lui convenait de toute façon, n'était-elle pas absorbée ailleurs ? Ilse se prit d'une affection inattendue pour ce nouveau petit-fils.

---

[2] Le jardin d'enfants.

Pendant deux années, le petit garçon et sa maman habitèrent chez Mme Angermeier, à Allach en Bavière, puis ils quittèrent le village et partirent en voyage ; la grand-mère Babette les accompagnait.

Résonne dans sa mémoire le fracas assourdissant d'une longue bête semblable à un dragon qui s'arrête dans un souffle puissant, crachant de sa gueule un jet de vapeur chaude. Se dessine devant ses yeux un nuage blanc qui enveloppe sa tête et son corps, il ne voit plus ses pieds, il disparaît dans cette nuée humide, il n'entend plus le vacarme insupportable, lui parviennent seulement des voix qui appellent des noms et des bruits indistincts, on dirait des grelots qui tintinnabulent, puis un sifflet déchire le nuage blanc, il fait sombre dans le compartiment, la longue bête reprend sa course infatigable, Oma le prend dans ses bras et le soulève. Il est allongé dans un filet. Il n'y a pas de bagages dedans. Apaisé par le bercement régulier de cette couche providentielle, il s'endort.

Lorsqu'il se réveille enfin, il fait plus clair dans le compartiment, il se retourne dans son filet et regarde les cheveux blonds ondulés en dessous de lui. Ils tombent en cascades sur les épaules d'une femme assise, appuyée sur le dossier rigide du compartiment. Il reconnait les cheveux de sa maman… il revient à lisière du réel.

Maman s'est levée, m'a fait descendre du filet tandis que je me frottais les yeux, elle est sortie la première en s'agrippant à la portière pour ne pas tomber ; quand elle a posé les pieds sur le quai, elle s'est retournée et m'a aidé à descendre les marches étroites du train, les mains tendues vers moi. J'aurais voulu sauter et me jeter dans ses bras, elle m'a fit signe que non, c'est dangereux. Elle m'a pris par la main, dans l'autre elle portait une valise et nous voilà partis. Oma marche à côté de nous, elle porte un chapeau noir sur la tête et à bout de bras un sac de voyage en cuir fauve avec une boucle dorée.

En chemin, maman m'explique que je vais habiter dans cette ville désormais parce que papa et maman ne sont plus ensemble, ils ne s'aiment plus. Et Joachim alors ? ai-je demandé, où ira-t-il ? Toi, tu seras avec ton père et ton petit frère restera avec moi et la grand-mère Ilse. Finalement Joachim passera plus de temps chez notre grand-mère à Schwäbisch Hall que chez maman parce qu'elle travaille à Stuttgart comme secrétaire et vit sa vie. Elle l'amènera aussi souvent chez notre grand-mère Ilse à la fin de la journée afin qu'elle puisse sortir le soir.

Lorsque nous arrivons devant la maison, Oma m'embrasse puis avance de quelques pas pour nous laisser seuls, maman et moi. Maman se penche et une mèche de soie blonde frôle mes cils et chatouille mes narines, je sens son parfum et le froid glacé de ses lèvres sur ma joue gauche puis sur ma droite, après quoi, elle murmure tu es un grand garçon, je vais t'accompagner à l'entrée de la maison, tu vas monter au premier étage, longer le couloir, jusqu'à la porte n° 3. Tu frapperas, ton père viendra t'ouvrir, sois bien sage, je reviendrai te voir dans quelque temps. Elle n'a pas dit combien de temps. À la fin de l'année 1949, mon petit frère et moi sommes ainsi séparés pour de bon.

Me voici à Hambourg avec papa qui est à la recherche d'un travail, il tente de gagner sa vie en faisant du marché noir, comment s'occuper de moi en même temps, me dit-il. Ne t'inquiète pas, fils, je vais te conduire chez des gens très bien, une vraie « famille », que papa a sans doute rencontrée à Bromberg.

La dame s'appelle Christiane Wurm mais elle va te demander de l'appeler Tante Christelle, j'en suis sûr. Elle est veuve, me dit papa, elle n'a pas d'homme dans sa vie, elle n'a que sa fille, Susanna, qui a exactement le même âge que maman.

Le jour même, nous voilà partis chez elles, papa et moi. Avant d'habiter à Hambourg-Eimsbüttel, c'est un quartier au nord-ouest de la ville, commence papa, comme il remarque la lueur d'inquiétude dans mes yeux, tu sais, il n'y reste pas grand-chose d'avant-guerre… avant de revenir habiter à Hambourg donc, elles vivaient à Strasbourg… Une ville qu'elles aimaient beaucoup, d'ailleurs, elles en ont emporté un souvenir, une photo ancienne sous verre, encadrée de bois, de la cathédrale, tu la verras tout de suite... elle est accrochée au mur dans le couloir….

Et il continue de discourir sans vraiment s'adresser à moi : voici la barre d'immeubles, l'une des rares qui ont été épargnées pendant l'opération Gomorrhe, en 1943. Les bâtiments alentour sont en ruines. Je ne comprends pas de quoi tu parles, papa. Tu n'étais pas né, fils, dit papa. Je ne le comprends pas. Nous gravissons deux étages, longeons un couloir aux murs nus et nous arrêtons à la porte 205. À peine a-t-il frappé que celle-ci s'ouvre, nous sommes attendus. Voici Susanna, de son petit nom Susi, dit papa. Susi sourit en rougissant, elle embrasse papa puis s'incline vers moi. Bienvenue, mon petit. Bonjour, Madame. Non, moi, c'est Susi. Je pénètre dans le minuscule corridor de l'appartement, la première chose que je fais, c'est d'aller contempler la cathédrale de Strasbourg accrochée au mur. Papa s'éloigne, je le suis des yeux, il chuchote quelque chose à l'oreille de Susi, ses pommettes virent au rouge vif, il lui glisse une enveloppe dans la poche de son tablier, elle fait non de la tête, il se retourne vers moi, les yeux rieurs, dit au revoir, *Filius,* ouvre la porte et la referme derrière lui. Il repart rue Beidenfelder, chez sa logeuse, Mme Teubern, qui ne veut pas d'enfant dans son appartement.

Je reste planté dans le couloir sous la cathédrale de Strasbourg, j'ai envie de pleurer. Susi aussi, je vois bien qu'elle est amoureuse de mon père, c'est normal, elle a 25 ans. Ils se sont rencontrés à Bromberg, me dira-t-elle plus tard.

Susanna, ou plutôt Susi, est venue me prendre par la main et m'a fait asseoir à la table de la cuisine que sa mère et elle sont obligées, m'explique-t-elle, de partager avec des gens placés d'office à la fin de la guerre. Des gens placés d'office ? Je n'ose pas demander ce que ça veut dire. Ils dorment dans une chambre voisine, continue Susi d'un ton mélancolique. Puis elle ajoute en rosissant : ton papa est très aimable, tu sais, c'est vraiment quelqu'un de bien. Viens, je vais te montrer l'appartement. Il n'y a que deux pièces plus une cuisine et une salle de bains que les gens placés d'office partagent aussi. Tante Christelle et Susi ont installé un cosy le long d'un mur et je dors dans la même chambre qu'elles. Comme ça, je ne suis pas tout seul.

Les terrains d'en face sont jonchés de gravats et de pierres, ce sont des champs de ruines, des monticules de cendres, des blocs de noir, de blanc, beaucoup de gris et des barreaux de fer rouillé, un immense terrain devenu vague, interdit à la population et encore plus aux enfants qui pourraient s'y blesser, ceux du quartier d'Eimsbüttel ont trouvé dans une rue adjacente une brèche dans un morceau de mur resté debout sur lequel grimpent des églantines et des rosiers sauvages, les branches trouvent leur chemin entre les creux des pierres, entraînant à leur suite les roses ivoire qui continent à pousser, donnant un semblant de gaieté de l'autre côté, celui du terrain vague. Je rencontre la même bande chaque jour, des habitués, deux filles et six garçons ; il y en a deux, Michael Schönenberg, l'autre, c'est Wolfi Schwartz, avec qui je m'entends bien, sans doute parce que nous avons le même âge, six ans. Wolfi a quatre mois de plus que moi et Michael deux de moins, je suis au milieu, alors ils m'ont choisi pour régler les conflits quand on se dispute, il arrive qu'on se bagarre, ça ne dure jamais longtemps car on aime par-dessus tout s'amuser. On joue à plein de jeux, on a décidé de ne pas jouer à la guerre, Tante Christelle me répète que la guerre ce n'est pas un jeu, c'est une chose terrible qui n'apporte que des malheurs, regarde en face de chez nous ces ruines, ce grand terrain abandonné, eh, bien, il y avait un immeuble de quatre étages à cet endroit-là, exactement le même que celui où nous habitons, tous les habitants n'ont pas eu le temps de fuir avant le bombardement, ils vivaient là, tranquilles, et d'un seul coup, à cause de la guerre, ils ont tout perdu, leur vie a éclaté en morceaux, regarde, maintenant, voilà qu'il pousse de l'herbe entre les gravats, et même des pissenlits…

Nous avons découvert autre chose que des pissenlits, nous avons ramassé une quantité incroyable de couteaux aux lames émoussées, des milliers de débris de bouteilles, verts comme l'eau verte du ruisseau aux bords envahis de mousses, une brosse à récurer, et enfin, des lambeaux de papier peint délavé, avec des arabesques brunes dessus, Michael a même déniché une assiette à peine ébréchée en porcelaine bleue et blanche. Un vélo rouillé est planté devant une cheminée de pierre au bas d'un mur, la roue arrière à demi disparue dans l'étendue de cendres qui l'entourent, la roue avant de travers et la selle abaissée, pointant vers le sol, comme si son propriétaire s'en était laissé glisser pour s'enfuir au plus vite. Le guidon abandonné a l'air triste, où sont parties les mains qui le tenaient, naguère. Personne ne veut toucher à cet objet miraculé de la guerre qui pourrait être facilement réparé si on prenait la peine de l'emporter. Peut-être que les voisins de Tante Christelle connaissait le cycliste. Le cycliste a-t-il disparu ? A-t-il été tué par un éclat d'obus ou renversé par le conducteur en fuite d'une voiture folle ? Tous les autres objets que nous trouvons constituent le trésor que nous cachons derrière la plus grosse pierre que nous ayons repérée, juste au pied d'un arbuste. Nous n'en avons pas encore parlé aux deux filles, il nous faut d'abord vérifier qu'elles ne racontent pas nos secrets à leur famille.

On voit des arbres au loin, l'hiver, ils ressemblent à des squelettes qui se tiennent debout, les restes des anciens habitants qui surveillent les vivants, et surtout les enfants qui franchissent les barrières en riant alors qu'on leur a fait promettre de rester de l'autre côté, en sécurité. Peut-être que les morts n'aiment pas les enfants. Nous passons des heures d'affilée dans l'un de ces terrains vagues, à jouer à cache-cache. Ulrika, l'une des deux filles, est gentille avec moi, elle me demande de garder sa poupée quand elle va faire pipi derrière un gros bloc de béton, je n'ai aucune raison de lui refuser ce service. Wolfi se moque de moi, il dit que j'ai un faible pour elle, je la trouve mignonne, elle a des cheveux blonds très pâles, fins et soyeux. Ça m'est égal qu'il se fiche de moi. La poupée d'Ulrika a un drôle de regard fixe, les globes sont luisants, les paupières ne se ferment plus, si je la regarde trop longtemps, je me sens mal, on dirait que j'ai dans la main un bébé mort dont les yeux sont restés grands ouverts, un petit être glacé à qui on n'a laissé que sa culotte et son chandail. Ulrika m'a dit : c'est une rescapée de la guerre. Puis elle a rigolé.

Nous, les garçons, décidons un jour de déblayer les gravats sur une surface assez grande pour transformer une partie de notre terrain vague en terrain de foot. Mais c'est impossible, ils sont trop lourds. J'ai une idée, l'immeuble mitoyen où j'habite est situé près d'une terrasse au niveau du premier étage, c'était le sol d'un ancien immeuble, on peut y accéder par des marches extérieures. Elle est assez grande pour que nous puissions y jouer au football. Elle est protégée d'un garde-fou, constitué de barreaux rouillés et déglingués. Fini les parties de cache-cache ! Tante Christelle en a parlé aux voisins, oui, bien sûr ils peuvent jouer, ces pauvres enfants, ont-ils dit. Pourquoi nous ont-ils traités de pauvres ? Faites bien attention, a dit Tante Christelle…

On a dû trouver deux autres garçons dans le quartier pour fabriquer deux équipes, une fille et quatre garçons dans chacune d'elles, cinq joueurs, c'est déjà mieux que rien sur notre terrasse. Otto Berndt vient d'arriver dans cette rue, il a un an de plus que nous, son père travaille dans le textile, sa fabrique, de l'autre côté de Hambourg, n'a pas été détruite, une véritable chance, a-t-il murmuré en martelant les deux mots comme s'il en mesurait l'importance. L'autre, Rudolf Schneid, est né en avril 1942. Comme c'est le plus âgé de nous tous, il s'est autoproclamé arbitre. Nous avons accepté. Wolfi et moi, on a fabriqué les buts avec de vieux filets de pêche dénichés dans la cave de l'immeuble, enfouis dans un baluchon couvert de poussière, je me demande qui les a laissés là. On les a dépliés, tendus et fixés avec des cordes aux barreaux du garde-fou, l'un en face de l'autre. On est devenus des pros, même les filles courent pour shooter, j'ai fait une passe à Ulrika, elle a disparu dans un nuage de poussière soulevée par le ballon qu'elle a réussi à stopper malgré tout et a pu glisser habilement l'un de ses pieds entre ceux de Wolf, a marqué un but, hourra ! nous sommes-nous écriés, grâce à elle nous avons remporté le match 3 à 2 ; après ce coup magistral, les garçons se sont comportés avec plus d'égards envers elle. Je me suis bien gardé de lui dire que ça me faisait plaisir.

Les vacances sont terminées, nous reprenons le chemin de l'école primaire. Ici l'année scolaire va de

Pâques à Pâques, c'est différent dans d'autres « Länder ». Quand j'ai eu mes 7 ans en septembre dernier, Maman s'est amenée sans me prévenir et est restée toute une journée, j'étais si content ; papa n'a pas eu le temps de venir pour me souhaiter mon anniversaire. Il a trouvé du travail dans une usine de fabrication de tonneaux. Comme dessinateur industriel, m'a-t-il dit « Apprenti dessinateur industriel », j'ai vu écrit sur un papier, mais le mot apprenti, il ne l'a pas ajouté...

Hambourg 1951 : Je viens de découvrir sur une enveloppe adressée à Susi qu'elle ne porte pas le même nom de famille que Tante Christelle, c'est curieux parce que papa m'a dit que Susi était la fille de Tante Christelle, elles sont si gentilles avec moi que je ne vais pas leur en demander la raison, oui elles sont douces et affectueuses. Hier soir, nous avons eu la visite d'Helmut, qui est instituteur dans l'école à côté de celle de Susi. J'aurais aimé que Susi soit mon institutrice car la mienne m'a puni pour insolence, je reconnais que je suis insolent parfois, j'aime provoquer pour voir jusqu'où ça peut aller, là, ça ne lui a pas plu, mais au fond, je crois qu'elle m'aime bien. L'autre (car nous avons deux maîtresses) est beaucoup plus méchante avec les garçons. Dans la classe, il y a Dagmar, une jolie brunette de mon âge à qui j'ai écrit un petit mot que je suis allé glisser chez elle dans la fente sous la porte d'entrée, je voulais juste prendre un rendez-vous avec elle après l'école, et voilà que le lendemain, Dagmar rapporte la lettre à la maîtresse. Cette vache lit le mot, me regarde puis le relit devant toute la classe. Je me lève de ma place, sors de la salle en courant, blême de colère. J'ai été puni à nouveau.

Février 1952 : J'en passe, des heures dans le couloir, je n'aime pas les cours de calcul et j'ai mal aux pieds. Tous les jours je porte ces maudites bottines à lacets qui me compressent les chevilles. En fin de matinée, n'en pouvant plus, j'ai retiré une bottine puis l'autre, le maître m'a vu et m'a ordonné de me rechausser tout de suite. Au lieu de ça, j'ai balancé la bottine droite en travers de la classe et cette fois, je n'y ai pas coupé, le chameau a saisi les verges, m'a sommé de lui présenter le dos de mes mains et m'a donné un coup sec dessus, si brutal que j'ai failli tomber à la renverse, je me suis aussitôt caché les mains derrière le dos, mais non, les mains à plat devant toi, a-t-il hurlé. Et j'ai pris quatre coups à la suite. Je suis tombé dans les pommes. Michael m'a raconté que le maître était embêté après ça, il m'a fait allonger sur un banc et quand je suis revenu à moi, il m'a dit : tu vois, il ne faut pas jeter sa bottine en l'air, allez, c'est fini, on oublie tout. Ça ne se reproduira pas, hein, on n'en parle plus. Ben, d'accord, j'ai marmonné. J'ai gardé des traces violacées sur les mains, Tante Christelle les a vues mais ne m'a pas posé de questions. Je n'ai rien dit non plus.

Dans cette école primaire située au numéro 85 de la Bismarckstraβe, il y a ce système de deux maîtres ou deux maîtresses par classe, si bien qu'on ne sait jamais laquelle ou lequel on va avoir du jour au lendemain. Ce qui est pratique par contre, c'est qu'elle est située au bout de la rue et on peut s'y rendre à pied, une trotte quand même car la rue est très longue. Helmut est un maître exigeant et sévère, à en juger par ce qu'il raconte de ses cours à Susi qui est tout ouïe devant lui, à la table. Il vient de plus en plus souvent. Ils vont se marier, m'a chuchoté Tante Christelle. J'ai failli dire mais elle est amoureuse de papa. Et pourtant c'est vrai, ils vont se marier dans six mois, elle a oublié papa. Ils déménagent dans le nouvel appartement qu'ils ont déniché Bunderstraβe. Par chance, les gens placés d'office sont partis au début de l'année. Il était temps que, à mon âge, j'aie une chambre à moi tout seul, derrière la cuisine.

Les jours passent, les vacances reviennent, l'école recommence, les journées se suivent, je suis heureux à Hambourg, je ne pense pas à maman, papa vient me rendre visite une fois tous les quinze jours, il habite toujours chez Mme Teubern, Beidenfelderstraβe. Lors de sa dernière visite, il m'annonce, l'air détaché, qu'il a rencontré une jeune femme, Margot, qui est devenue son amie. Pas une seule fois par la suite il ne viendra me voir avec elle. Ça m'est bien égal, je ne m'ennuie pas avec Michael, c'est un garçon très bricoleur, peut-être qu'il tient ce don de son père. M. Schönenberg travaille chez Philips ; d'ailleurs, dans le quartier, il est le premier à posséder un poste de télévision. Il rapporte à Michael des restes de matériel, des fils, des câbles, des interrupteurs, des pièces de mécanique, des coffres en bois fin, des cristaux de galène, et nous, on fait des tas de trucs marrants avec. Surtout Michael, il me montre comment fabriquer un poste de radio. Un poste de radio ? Oui, tu vas voir, il dit. Je le regarde manipuler les pièces, tu feras comme moi et tu y arriveras aussi, tu verras, qu'il ajoute. J'ai confiance en Michael.

Ça y est : j'ai fabriqué mon poste à galène. Seul dans ma chambre, je peux capter des fréquences de radio, allongé sur mon lit. Le soir, je démonte les pièces de mon poste pour vérifier si je suis capable de les assembler à nouveau. Horreur, je passe la première partie de la soirée à tout défaire, et la deuxième à reconstituer, impossible de remettre les choses en place, je continue, je n'arrête pas avant d'avoir réussi. Je finis par reconstruire le poste à galène.

Oui, Michael est très bricoleur et futé aussi. Papa m'a demandé : qu'est-ce que tu voudras pour tes neuf ans ? J'ai répondu sans hésiter une seconde : une patinette, comme celle de Michael. Il a dit oui, c'est d'accord, tu es sage à l'école. Tante Christelle lui a caché mes punitions, M. Schult aussi, celui qui m'a tapé sur les mains. Mme Keller non plus n'a pas mentionné ma mauvaise conduite dans les bulletins, ça m'étonne un peu mais ce n'est pas moi qui vais m'en plaindre. Maintenant, nous sommes deux à patiner comme des fous jusqu'au supermarché pour nous acheter des bâtons de réglisse. On laisse les patinettes à l'entrée et hop, un petit tour à la caisse où sont stockés les bonbons et nous voilà déjà dehors à bondir sur nos patinettes et la course est repartie.

On m'a volé ma patinette toute neuve, on a laissé celle de Michael, un peu plus cabossée. Je l'avais laissée à côté de la sienne comme d'habitude. Disparue. Je suis en colère contre moi-même, très en colère, je me traite de tous les noms, je jure même, comme papa, je marmonne *Verflucht nochmal! Dummkopf*[3]*!* Puis, j'éclate en sanglots, Michael essaie de me réconforter, on patinera ensemble, qu'il me dit, sur la même patinette, j'apprends à utiliser l'autre jambe pour avancer. Il se met devant, tient le guidon et patine de la jambe droite, je m'installe derrière lui, le tiens à la taille et je patine de la jambe gauche. Nous descendons tout un trottoir en patinette.

Michael, c'est mon meilleur ami. Il construit des petites voitures avec des pièces mécano, il a une patience

---

[3] Putain ! Imbécile !

incroyable. Il a aussi fabriqué deux machines identiques pour qu'on puisse communiquer d'une pièce à l'autre chez lui, par la fenêtre. Ce sont deux circuits avec pile et interrupteur, et de l'autre côté une lumière qui s'allume comme une torche. On fait comme dans les westerns – nous sommes allés voir *Mon grand ami Shane*, avec Alan Ladd, au cinéma –, ils font ça, ils s'envoient des signaux. On a inventé un code spécial. Combien de fois la torche s'allume, à quel rythme, lent, rapide, pendant combien de secondes elle reste allumée.... Ça ne veut pas dire la même chose. Après on vérifie qu'on ne s'est pas trompés. Oui, on se parle à travers des éclats de lumière, dans la pénombre, éloignés l'un de l'autre, ensemble pourtant...

Mai 2010

Le téléphone installé dans le bureau de Leo sonne, celui aux appels illimités avec Internet. Line, son épouse, a pourtant coché la case qui indiquait : numéro masqué. Personne ne devrait connaître ce numéro en 09. Qui cela peut-il bien être ? Elle hésite à décrocher. Elle attend, la personne au bout du fil insiste, patiente, semble ne pas vouloir en rester là, encore un coup, le septième, Line saisit le combiné, ne dit mot et entend : *Hallo!* Un accent, l'accent allemand ! *Hallo! Hallo!* reprend la voix. *Ja, wer ist da?* demande Line, d'une voix blanche. *Ich möchte mit einem Freund von mir sprechen, bitte. Er ist ein Jugendfreund von mir…* Tremblement. Line prend le temps de s'assoir dans le fauteuil de Leo, à son bureau, elle doit répondre, ne peut pas raccrocher sans savoir qui est cet ami d'enfance qui téléphone pour lui parler. Il n'est pas au courant du décès de Leo. Elle est parcourue d'un nouveau tremblement… je n'arriverai jamais à m'exprimer en allemand. En anglais, bien sûr, les allemands parlent anglais. *Sprechen Sie Englisch? Nein, nein, Schade, kein Englisch.* Il entend peut-être le français : *Aber Französisch vielleicht? Nein, auch nicht. Entschuldigung. Ich heiße Michael Schönenberg, kann ich mit meinem Freund Leo sprechen, bitte?* Michael Schönenberg ! Michael le bricoleur…. Silence, les larmes coulent sur ses joues. Ressaisis-toi, ma fille. Tu connais l'allemand, vas-y !

Par quel incroyable hasard a-t-il essayé d'appeler au moment où Line était en train d'écrire ce que Leo lui avait relaté de vive voix lorsqu'elle l'interrogeait sur son enfance… le vol de sa patinette toute neuve, Michael qui l'avait consolé… qui savait fabriquer tant de choses, Michael qui avait un poste de télévision !

Surprise par le son inhabituel de la sonnerie, elle a décroché, pourquoi a-t-elle décroché le combiné, a-t-elle senti que c'était un appel hors de l'ordinaire ? Michael a cherché le nom sur Internet, il l'a trouvé. Michael parle tandis que Line feuillette rapidement l'annuaire, le nom est bel et bien dedans, n'importe qui peut appeler à présent, il n'est plus là pour répondre, les démarcheurs, les services de banque, d'assurance, les indésirables vont s'en donner à cœur joie, elle ne répondra pas…

Line annonce à Michael Schönenberg la mort subite de Leo, le 6 avril dernier. Silence affligé. Il ne savait pas bien sûr, tant de gens l'ignorent encore, en Allemagne, où il a gardé des contacts dans les maisons d'édition et des personnes qu'elle n'a pas eu encore le temps de contacter. Elle interroge Michael qui n'ose plus parler, peiné, tourmenté de l'entendre raconter des moments de leur vie à tous les deux. Ne pas perdre le fil, pense Line ; elle lui fait répéter ce qu'il vient de lui expliquer à son tour, puis elle évoque la patinette et les circuits pour communiquer, il s'en souvient, il le lui affirme. Il est ingénieur retraité, s'est marié en 1968… comme nous, l'interrompt-elle, ils ont eu deux filles… nous aussi, ajoute-t-elle, rassérénée en pensant à elles, comme c'est étrange ! Ils continuent de bavarder un peu, le vocabulaire allemand resurgit dans sa mémoire, comme c'est étrange, il lui promet de lui envoyer son adresse mail, oui, restons en contact, répond-elle. Elle murmure merci de me l'envoyer. Je vous écrirai... Ils ne se reparleront plus au téléphone, elle le sait. Line raccroche le combiné. Épuisée, tout d'un coup. Elle n'a plus envie d'écrire le passé, à quoi cela sert-il de remuer tout cela ?

S'il ne parle plus, si elle reste muette, nul ne l'entendra. Sont-ce ses phrases qu'elle traduit ? Ne sont-elles pas que des illusions ? Même si elle le trahit dans son récit, Line ressent le besoin de poursuivre son histoire, telle qu'il la lui révélait, par bribes, pendant qu'elle le harcelait de questions afin de connaître les coins secrets de son enfance, elle a tout noté, a-t-elle tout bien noté, n'a-t-elle rien oublié d'important, il n'est plus là pour la remettre sur le chemin de la vérité, quelle vérité peut sortir indemne après tant d'années de frustration et de silence ? Il lui semble qu'elle ne fait qu'aller et venir sur un terrain vague, comme pour y jouer une partie de cache-cache interminable avec des inconnus sans visage qui font mine de la narguer.

Pâques 1954

Ma scolarité est terminée à Hambourg. Finie l'école primaire au 85, Bismarckstraβe ! Mes résultats ont donné satisfaction : *Comportement : bien, élocution : 1*[4], *lecture : 1, rédaction : 2, calcul : 3. Passe en classe supérieure...* Presque bien partout, sauf en arithmétique : 3 ! dans le dernier bulletin du 5 avril 1954... Me voici reçu à l'examen d'entrée au collège. Je suis triste à l'idée de quitter Tante Christelle pour de bon. Et Susi et Helmut et mon ami Michael. Papa m'a dit tu vas voir, tu vas te faire plein d'autres copains ! Comme l'année scolaire ne débute qu'en septembre en Rhénanie, tu fréquenteras une « Realschule[5] », tout près de chez nous. Au début du mois de septembre, avant tes 11 ans, on aura une décision à prendre pour te choisir un bon établissement.

Ce qui me plait en revanche, c'est que je vais habiter avec papa et sa nouvelle amie. J'aurais préféré qu'il reste seul, je trouve qu'il en fait un peu trop avec elle, moi, je passe en second, elle ne me considère pas comme son fils, tant mieux, elle a déjà un garçon, Dieter, de son premier mariage, je ne l'ai vu qu'une fois, il est

---

[4] En Allemagne, les notes vont de 1, pour la meilleure, à 5, pour la plus mauvaise.

[5] Ou Mittelschule : cours complémentaire général

plein de tics et pousse des petits cris, au début, j'ai rigolé mais Tante Margot m'a grondé et m'a dit Dieter est un garçon tout à fait normal, il est juste très nerveux, il ne faut ni le contrarier ni se moquer de lui. Ce n'est pas mon frère, de toute façon, il vit chez ses grands-parents maternels. Mon vrai frère, c'est Joachim, mais je ne le vois plus. Pour le moment. Nous formerons une famille unie, dans quelque temps, a déclaré papa d'un ton solennel. C'est curieux, maman m'a dit la même chose lorsqu'elle m'a conduit à Hambourg.

Deux garçons qui ne vivent pas ensemble et ne sont pas frères peuvent-ils faire un jour partie d'une famille unie ? Laquelle des deux familles est la plus naturelle ? Celle de maman ou celle de papa ?

En attendant le début de la nouvelle année scolaire, j'ai « patienté » dans la Realschule du coin. Au mois d'août, papa voulait que j'aille me distraire quelques jours à Kochel-am-See chez les Müller[6], des relations à lui, pendant que lui et son amie partaient quinze jours en vacances, au soleil de l'Adriatique. Mais finalement, maman est venue me chercher et nous avons passé une semaine ensemble à Schwieberdingen, je n'ai pas eu le temps de voir Joachim, resté avec notre grand-mère, Ilse.

À mon retour, papa m'attendait dans la salle de séjour. Sur le pas de la porte, je fus parcouru d'un frisson, on aurait dit qu'une partie de moi-même se détachait, s'effritait en menues particules avant de se dissoudre dans l'air. L'autre morceau pénétrait dans la pièce.

---

[6] M. Müller fut le chauffeur privé de Baldur von Schirach.

Le fils, amputé d'une partie de lui-même, alla s'assoir sur le canapé, contraint d'écouter les paroles de son père, réduit au silence.

Le petit garçon

Père et fils étaient dans la salle de séjour, tandis que Margot se changeait pour la soirée dans la pièce à côté. Kurt désirait mettre les choses au point avec le fils qu'il était allé rechercher chez Greta. C'était son père après tout et, en tant que tel, il était de son devoir de lui parler sérieusement :

– Mon garçon, dans un appartement de deux pièces à Düsseldorf, on ne peut pas vivre à trois, t'as dû t'en rendre compte par toi-même ces six derniers mois, non ? Quand on aura notre maison, ce sera différent mais en attendant, on est littéralement les uns sur les autres, et pas seulement le matin, lorsqu'on aimerait utiliser la salle de bain et les toilettes tous en même temps… Et puis avec ce lit escamotable dans la salle de séjour, c'est pas pratique du tout, ça ne peut pas continuer comme ça, surtout quand Tante Margot et lui adoreraient écouter les programmes à la radio ou des disques, comment faire quand le môme doit aller se coucher et lui, il se demande à quoi bon avoir acheté ce meuble radio-phono…. Et le week-end, le môme ne sait pas s'occuper, il traîne un peu partout dans l'appartement et si son père ne l'envoie pas au cinéma de temps à autre, le dimanche après-midi, il ne va rien entreprendre de lui-même, pas vrai ?

Le petit garçon se tenait assis, tête basse.

Quand il revient de l'école, comment est-ce que ça marche ? Tante Margot a autre chose à faire que de se consacrer à lui et d'ailleurs, elle n'est pas toujours présente, et lui, il travaille douze heures par jour et ça fait treize s'il compte l'aller-retour en voiture et quand il rentre de son boulot[7] le soir, il est claqué, alors il a besoin de détente et il ne lui viendrait pas à l'esprit de surveiller ses devoirs et résoudre ses problèmes d'arithmétique. Au demeurant, il va devoir partir en voyage d'affaires à l'étranger plus souvent prochainement, donc il ne pourra plus prendre soin de lui, il a retourné la question dans tous les sens, oui, il y a mûrement réfléchi, il n'y a qu'une possibilité, c'est de lui trouver un autre environnement, l'envoyer dans un internat où il se fera des amis... Et chance extraordinaire, dans le sud de l'Allemagne, en Bavière, par exemple, où l'air est beaucoup plus sain et respirable qu'en Rhénanie et la cuisine réputée savoureuse et nourrissante. Grand et fort, c'est ce qu'il voudrait être tout de même, non ?

L'essentiel est que cet internat soit situé dans un endroit idyllique, ici, dans le prospectus, il est écrit.... Passe le moi, dit-il à Maüschen[8] qui venait de les rejoindre dans la pièce. Je te lis un passage : « À cet endroit, au milieu des jardins et des prairies, se dresse un ensemble

---

[7] Kurt est devenu négociant et travaille à Wuppertal.

[8] Kurt appelle Margot « Maüschen », littéralement : ma petite souris.

de bâtiments, telle une magnifique et imposante propriété dans le sud de la Bavière. »

Tandis que le père buvait une gorgée de whisky et s'adossait à son fauteuil, le fils s'autorisa à regarder le prospectus en question ; il était imprimé sur du papier jaune pâle, les feuilles reliées par deux agrafes, avec la photo du bâtiment sur la première page au-dessous de laquelle étaient imprimés ces mots :

Internat public
PFARRKIRCHEN

Du point de vue scolaire, heureuse coïncidence, c'est le meilleur. À Hambourg, chez les deux dames, je sais que ça te plaisait mais c'est du passé, ça va bien pour un temps, l'école primaire, ça ne dure pas, et le cours complémentaire Luise[9] que tu as fréquenté ici, c'était du provisoire, une solution transitoire entre Pâques et l'automne, je te l'ai déjà dit…

Maintenant, il va aller dans un véritable collège et être pris en charge scolairement, comme il se doit, tout en faisant partie du pensionnat, comme s'il était en famille, il sera guidé par des professeurs qui l'aideront à faire ses devoirs. Lui, il s'est renseigné par téléphone à ce sujet, que tout cela mûrisse bien dans sa tête de petit bonhomme, c'est la meilleure solution pour lui, même si, pour l'instant, il n'arrive pas à se la représenter. Plus tard, il comprendra que c'était la bonne décision et il l'en remerciera.

---

[9] Reine de Prusse, princesse de Mecklenburg-Stretlitz (1776-1810).

Sur la route du pensionnat

– Cette Mercedes Benz 170 vert bouteille, c'est la tradition qui veut cette couleur, eh bien, ça a toujours été une voiture sensationnelle, c'est celle dans laquelle nous sommes naguère allés à la chasse, Bruno Axmann[10], Hans Lauterbach-Emden[11] et moi, sur la lande de Tuchel[12]. Ça c'était le bon temps, à cette époque on arrivait déjà à avoir un moteur Diesel qui ne tombait jamais en panne, oui vraiment ça marchait très bien, des amis et collègues vont faire leurs courses en voiture Diesel, le fondé de pouvoir de notre entreprise aussi… et au bout de quelques heures, ça roule tranquille, comme un moteur à essence, on peut même parler à l'aise ou écouter la radio, ça ronfle juste un peu sur l'autoroute si on accélère…

Assis sur le siège arrière de la voiture, le petit garçon se redressa tout à coup :

– Une Cadillac ! Une Amerloque !

– Ne me hurle pas comme ça dans l'oreille, je ne supporte pas ça ! Et puis on n'est pas sourds, d'accord ? Combien de fois vais-je devoir te le répéter ? En plus tu

---

[10] Frère d'Arthur Axmann.

[11] Lieutenant de vaisseau pendant la guerre

[12] Près de Bromberg, aujourd'hui Bydgoszcz, en Pologne.

nous donnes une frayeur mortelle, tout ça pour de la tôle américaine.
Une berline rose aux ailerons arrière démesurés les doubla dans un vrombissement avant de disparaître.

– Quel goût, ces gars ! En plus ils prennent toute la largeur de l'autoroute, ils ont de la chance que nous en ayons une, d'autoroute, c'est l'autoroute du Reich, il n'y a pas si longtemps, c'étaient les chômeurs qui y travaillaient, coude à coude, épaule contre épaule, ils trimaient pour l'organisation Todt, et voilà, elle est toujours en état de marche, tu vois ça, Maüschen, lorsque nous avons gravi le talus de Drackenstein après Stuttgart, là où il y a un mur de protection, comme collé à la montagne, c'est à partir de là que l'autoroute a été construite, la montagne, ça n'a pas été un obstacle pour eux, mais un défi fantastique et... résultat, nous avons été les premiers en Europe à avoir plus de deux mille kilomètres d'autoroute, enfin, les Italiens ont eu la leur en 24, je crois, quelle longueur, j'en sais rien, mais celle-ci, attention ! Tu as pu te rendre compte que cela a un effet très positif sur la circulation des poids-lourds qui font de longs trajets, presque chaque poids-lourd roule avec sa remorque, nous devons chercher à atteindre le plus haut niveau technique pour nos remorques de façon à faire face à la concurrence et les vendre ici et à l'étranger[13]

– Écoute-ça mon chéri, dit Maüschen, je lis dans *Brigitte*[14] que la viande de porc était de cinq marks en février, cinq marks soixante-trois pfennigs en juin et en

---

[13] Kurt sera vite nommé chef d'exportation et amené à voyager beaucoup dans les pays de l'Est.

[14] *Brigitte* est une revue féminine comme *Elle* en France, par exemple.

août cinq marks soixante-dix-huit, ça ne m'étonnerait que ce soit Erhard[15] le responsable…

À l'épicerie fine Rüttger, elle n'achète que du filet, des romsteaks et du veau, le môme, lui, ne s'en est pas aperçu.

Elle s'humecta l'index d'un coup de langue et continua de feuilleter, s'arrêta sur les robes de soirée de Heinz Oestergaard[16], sa dernière collection en brocart, ou celle de « Duchesse », en pure soie épaisse ou en crêpe Georgette

– C'est d'un chic, tu ne trouves pas ?

– Oui, mon petit trésor, ça t'irait superbement bien.

– Naturellement, la nouvelle collection des tailleurs de Lanvin est aussi parfaite avec un je-ne-sais-quoi d'original, bien cintré, et d'une jolie couleur bleu de Prusse, plus une collerette en piqué de velours, ou de l'ocelot… de l'ocelot !

Et pendant qu'elle était en ville puisque les vacances étaient terminées, elle en profiterait aussi pour aller regarder les dernières collections Desiree[17] dans la Schadooffstrasse, les fourrures chez Jordan, et puis, elle ferait d'une pierre deux coups, irait jeter un coup d'œil sur la collection d'hiver des manteaux et bien entendu, acheter quelques escarpins qu'elle irait essayer chez

---

[15] Ludwig Erhard (1897-1977) : ministre de l'Économie de la République fédérale d'Allemagne dans le gouvernement de Konrad Adenauer, de 1949 à 1963.

[16] Heinz Oestergaard : couturier qui créa sa propre ligne de vêtements en 1956.

[17] Grand magasin de confection à l'époque.

Jespen[18] et deux boutiques plus loin, passer chez Brusius, le bijoutier, ou alors, dans la Bolkerstrasse, si elle devait aller chez le coiffeur ou chez l'esthéticienne…

À la page suivante, elle fixa son regard sur un titre imprimé en gros caractères : **LA TÉLÉVISION : UNE FENÊTRE OUVERTE SUR LE MONDE.** Et en dessous, des téléviseurs Grundig et Loewa-Opta, avec les tables pour les récepteurs tous deux à des prix qui défiaient toute concurrence : 698 marks, c'est pas mal, ou ici, un Philips, modèle de luxe Léonardo, avec sept touches, pour régler l'image et le son.... Ou peut-être le Saba, un téléviseur encastré dans un meuble garni d'un coffre en bois, bonne tonalité et télécommande, 898 marks, acompte de 150 marks et facilités de paiement. Pourquoi est-ce qu'on attendrait plus longtemps ? Son amie à Solingen, Renate Scharfenstein, elle, elle avait déjà non seulement une Constructa[19] mais aussi, et depuis un bon moment déjà, un téléviseur… Renate, tu sais, c'est elle dont le mari a un problème de pied, il claudique, eh bien, elle a récemment regardé une émission à la télé intitulée : Pour être bien habillée. Conseils à la femme d'aujourd'hui, la mode à Paris, et tout ça....

Elle continuait de feuilleter le magazine....

– Quelles poitrines magnifiques ! Il n'y a pas de silhouettes plus belles que celles des mannequins, avec des bas en perlon stretch *Bel Ami*, ça j'en ai, de la crème Tosca qui sent comme celle de nos grands-mères, du vernis à ongles extra résistant, c'est celui qu'utilise Renate.... Tiens ça, c'est nouveau, ils organisent une

---

[18] Magasin de chaussures dans les années 50.

[19] Marque de machine à laver dans les années cinquante.

loterie avec des prix d'une valeur de quinze mille marks, il suffit d'acheter du Rei[20]. Avec Rei, on peut tout laver, le perlon, le nylon, la soie, tout ce qui est fragile, et tu sais pourquoi ? continue Margot, écoute ça : « Grâce à Rei, la roue de la fortune tourne ! Tournez avec elle ! » Premier prix : un élégant cabriolet Borgward Isabella, hors-série, enjoliveurs blancs, une voiture de rêve, seules les femmes et les jeunes filles ont le droit d'y participer, les hommes sont exclus du tirage, je trouve ça dingue, dit Maüschen. Si on gagnait le gros lot, on devait aussi avoir le permis de conduire, mais de ça elle pourrait s'en occuper et prendre des leçons, non ?

– Je pourrais apprendre à conduire, dis ?

– Oui, bien sûr, mon chou, on en reparlera une fois rentrés.

La Mercedes 170 continuait de rouler à vive allure sur l'autoroute, l'autoroute du Reich…

---

20 Marque de poudre à laver le linge.

Une centaine de kilomètres plus loin, Maüschen commença à donner des signes d'impatience, elle soupira, ouvrit son sac, en sortit un étui de velours noir d'où elle extirpa un poudrier et un rouge à lèvres. Elle ôta le bouchon et se passa le bâton rouge vermillon sur sa lèvre supérieure puis sur la lèvre inférieure, elle se les lissa de deux coups de langue tout en en se scrutant dans le miroir de son poudrier, visiblement satisfaite du résultat. Kurt avait ralenti pour lui faciliter la tâche. Il crispa ses mains gantées sur le volant de la Mercedes, tandis que ses yeux cherchaient, dans la glace du rétroviseur, ceux de son fils recroquevillé dans un coin du siège arrière, perdu dans ses pensées. Sans se retourner, il prit la parole, le regard fixé droit devant lui.

– Tiens, pendant qu'on y est, on va vérifier ce que ce gamin a appris pendant les six mois qu'il a passés à la petite école d'Hambourg et en primaire, ici. Allez, mon petit gars, je vais te poser un problème, écoute-moi bien : une douzaine de boutons coûte un mark, quatre-vingts pfennigs. Combien coûtent cinq boutons ?

...

– On entend les mouches voler... T'as quand même déjà fait des exercices comme ça, non ? Et voilà qu'on s'enfonce une fois de plus dans le cambouis, combien de fois faut-il que je te le répète ? C'est pourtant simple, tous les enfants savent utiliser la règle de trois dès le cours moyen, t'as appris ça entre-temps, non ? Une règle de trois, ça peut se résoudre par une logique des plus simples, tout cerveau normalement constitué comprend ça. Le principe est de partir du plus grand nombre vers l'unité et puis, de l'unité, repartir au plus grand nombre. C'est quoi ici le plus grand nombre ?

– Un mark quatre-vingts ?

– Mais non, bon Dieu ! Pas un mark quatre-vingts mais au contraire ? Il ne faut pas jouer aux devinettes, il faut réfléchir ! Le plus grand nombre, le plus grand nombre de boutons, oui ! Ressaisis-toi mon petit gars !

– La douzaine ? s'aventura-t-il d'une voix presque inaudible.

– La douzaine. Exact ! Parle plus fort, on ne t'entend pas ! Et combien est-ce que ça fait, une douzaine ? Tu dois bien savoir ce que c'est qu'une douzaine, hein ?

– Euh, environ douze…

– Environ douze ? Soit ! C'est mieux que rien. Est-ce qu'on dit : environ douze ? Quand, par exemple, on achète une douzaine d'œufs, on n'achète pas douze œufs environ mais douze œufs exactement, un point c'est tout. Dans le commerce, on a besoin de précision, on met deux décimales après la virgule, en revanche on n'obtient rien avec des à peu près, retiens bien ça.

Les mouches invisibles continuent de voler, agaçantes.

– Allez, on reprend : du plus grand nombre, douze boutons, vers l'unité, ça fait combien de boutons ?

– Euh, euh, cinq ?…

– Comment ? Cinq ? Mon Dieu ! Il faut que je me fasse rembourser tout le fric que j'ai envoyé à cette école si tu continues comme ça. T'entends, espèce d'idiot : U-NI-TÉ ! U-NI-TÉ ! ! Alors ?

– Un…

– Un bouton ! Magnifique ! C'est peine perdue que de vouloir le corriger. Mais tu dois aussi calculer combien coûte un bouton. Et combien ça coûte un bouton ? Qu'est-ce que tu dois faire ?

– euh…

– Allez, vas-y ! Plus fort ! Si tu marmonnes dans ta barbe, je ne vais rien comprendre.

– Diviser.

– Comment ? Diviser ? Et diviser par quoi ?

– Un mark quatre-vingts ?…

– Une douzaine divisée par un mark quatre-vingts ? T'as donc perdu la tête ! Est-ce de l'étourderie ou de la bêtise ? T'as pas honte ? Que se passe-t-il ? Que va penser Tante Margot de toi ?

…

– Qu'est-ce que tu dis ? Tu peux pas te concentrer… La belle excuse ! Et puis, c'est pas la peine de pleurnicher, moi à ton âge, j'étais dans une situation sacrément plus difficile. Ressaisis-toi ! Tiens-toi tranquille un instant, est-ce qu'on va pouvoir s'entendre à la fin ? Que se passe-t-il, Mäuschen ? T'as l'estomac dans les talons, mon trésor, tu meurs de faim ? Nous allons bientôt aller au restaurant. Mais d'abord, nous avons un petit problème à régler, par vrai, *Filius* ?

…

– Nous disions donc : douze boutons coûtent un mark quatre-vingts. Combien coûte un bouton ?

– Euh…

– Toujours rien ? Mais t'as peur de quoi ? Arrête de te cacher ! Tiens-toi droit pour que je puisse te voir dans mon rétroviseur, je t'entends renifler, mouche-toi le nez, je vais t'aider à trouver la solution. Nous allons présenter le problème dans l'autre sens : pour un mark quatre-vingts j'achète douze boutons. Combien dois-je payer pour un bouton ? Naturellement, il faut diviser mais diviser quoi par quoi. C'est là la question.

...

– Alors, ça vient ?

– Un mark quatre-vingts divisé... par douze...

– Un mark quatre-vingts divisé par douze ! Nom de Dieu de nom de Dieu ! La comédie a assez duré... Je te demande pardon ? Ai-je bien entendu ? Tu sais pas le faire ? Sacrebleu !

Le petit garçon continuait de pleurnicher, blotti dans le coin droit du siège arrière, il allait se moucher quand son père repartit à la charge :

– Mais bon Dieu, je me demande ce que tu sais faire au fond, tu prétends que tu ne sais pas diviser avec une virgule, t'as pas encore appris ça, mon petit malin, mais je vais te dire une chose, t'en as pas besoin, de ta virgule, tu la fais disparaître et ça marche. Écoute-moi bien une fois pour toutes, nous, nous allons déjeuner au restaurant avant d'avoir l'appétit coupé avec cette histoire. Réfléchis-y tranquillement. Quand tu auras divisé un mark quatre-vingts par douze – t'enlève la virgule, n'oublie pas – et quand tu sauras combien coûte un bouton, alors là seulement tu seras autorisé à nous rejoindre, nous allons nous assoir là-bas, à la table près de la fenêtre pour que nous puissions te voir. Viens, Maüschen, on y va.

Une demi-heure plus tard, le petit garçon aperçut son père qui lui faisait un signe de la main depuis la fenêtre du restaurant, il parlait en même temps, lui sembla-t-il, il vit distinctement ses lèvres remuer, que disait-il à Maüschen ? Il ne saisit pas tout de suite ce que signifiait ce geste ; et ces mots qui ne lui étaient pas adressés directement… Était-il possible que son père eût dit quelque chose comme : Bon, il faut qu'il mange quelque chose, ce gosse ! On oublie le problème, on en reparlera plus tard. Était-il autorisé à sortir de la voiture ? Sans réfléchir davantage, le petit garçon bondit hors de la Mercedes, claqua la portière avant de courir rejoindre l'homme et la femme assis à la table près la fenêtre.

– Alors, t'as trouvé, ça coûte combien un bouton ? Le gamin ne le savait pas, le calcul mental, il n'y arrivait pas, il ne savait pas diviser cent quatre-vingts par douze sans écrire l'opération sur une feuille de papier.

– De mon temps, on apprenait les opérations de base par cœur, je ne sais pas comment tu as réussi l'examen d'entrée en sixième, c'est un vrai mystère... Allez, assieds-toi, on a perdu assez de temps comme ça, lambin. Kurt se retourna : Garçon ! cria-t-il.

– Salade de pommes de terre-saucisse, c'est ce qu'il y aura de plus rapide, répliqua d'un air vague le garçon en dressant un couvert. Il apporta le plat presque aussitôt ; la saucisse était tiède, les morceaux de patates, repliés sur eux-mêmes, restaient collés à la fourchette ; la gamin se mit à les compter mentalement, combien de pommes de terre fallait-il pour obtenir cent quatre-vingts morceaux, sachant qu'une pomme de terre pouvait se couper en huit morceaux ?

Le petit garçon était remonté dans la voiture, recroquevillé dans un coin du siège arrière, comme à l'accoutumée. Kurt et Margot allaient le « déposer » au pensionnat.

Tante Margot feuilletait le prospectus, rapporté des vacances. Elle le referma et l'enroula dans une main. Le petit garçon aimerait bien y jeter un coup d'œil. Elle tendit le bras et le lui fit passer par-dessus son épaule. Il s'en saisit. Il le déroula avec précaution.
« Hôtel Impérial – Île de Rab[21] ». L'établissement, représenté sur fond de ciel bleu, murs blanc ivoire, baies vitrées et grandes arcades, se dressait au beau milieu d'une plantation de pins. Au premier plan, des touristes se promenaient sur un chemin bordé de palmiers, tracé autour de la source d'une fontaine ; quelques-uns gravissaient les marches d'un large escalier menant à une terrasse. Deux ou trois couples étaient penchés à la balustrade, d'autres s'apprêtaient à s'assoir à des tables protégées du soleil par des parasols multicolores.

À la page suivante, des parasols identiques étaient alignés autour d'un court de tennis sur lequel deux blondinettes agitaient leur raquette, jupette plissée en voltige dévoilant de longues jambes bronzées jusqu'au ras

---

[21] L'île de Rab, située en mer Adriatique, fait partie de la Croatie ; dans les années cinquante, elle appartenait à la Yougoslavie où Kurt se rendait fréquemment pour ses affaires. L'île est accessible de la côte par un ferry-boat.

de la culotte. Deux messieurs suivaient le match depuis la ligne de côté.

Il y avait aussi une piste de danse à la disposition des vacanciers, en plein air, évidemment ! Le prospectus promettait des « rythmes chauds sous un ciel parsemé d'étoiles », à la lueur tamisée des guirlandes allumées et des lampions, au sein de ce « charmant petit coin de nature ». Pour goûter l'ambiance, « écoutez l'orchestre maison », *les Maracas,* composé de six musiciens : l'un d'eux se tenait au micro et frappait du tambourin au-dessus de sa tête ; à sa droite et à sa gauche, s'agitaient des garçons aux gueules barbues, tunique à manches longues, tête couverte d'un immense chapeau circulaire, grattant les cordes de leur guitare. Les couples dansants attiraient le regard des hôtes assis à des tables rondes, devant de grands verres à pied, au milieu desquels une bougie se consumait doucement. Les dames étaient vêtues de robes longues aux larges décolletés, les messieurs de costumes noirs dont les revers satinés brillaient.

Il y avait aussi des gens installés au bar, les dames perchées sur des tabourets au comptoir, à côté de messieurs qui trinquaient avec elles. Derrière le comptoir, un homme en veste blanche et nœud papillon était occupé à refermer le couvercle d'un récipient. « Marco », c'était son nom, était responsable du bar. « Sa spécialité : les cocktails », lisait-on sous la photo. Le môme se laissa retomber contre le siège :

– C'est quoi, un cocktail ?

– C'est de l'alcool mélangé avec du sirop ou je ne sais quoi, répondit Margot. C'est le barman qui le mélange avec le shaker, comme sur la photo. Quand ça devient bleu, on l'appelle un lagon bleu, quand ça devient rouge, à cause du jus de tomate ou du Campari, on l'appelle un bloody Mary ou bien un américano. Y'a aussi un pick-me-up[22], avec du cognac et plein de champagne, ça, c'est vraiment délicieux, un gin fizz, c'est pas mal non plus, et bon pour la santé... Elle fit claquer son briquet argenté, s'alluma une Astor[23] et aspira une longue bouffée. L'odeur âcre de la fumée exhalée de ses narines vint contrarier un renvoi de saucisse que contint le petit garçon ; il eut un haut-le-cœur.

Il ferma les yeux un instant puis continua de tourner les pages du prospectus : les chambres avec bain ou douche, le service d'étage : une dizaine de demoiselles en coiffes pointues et tabliers blancs, la salle du petit-déjeuner, le salon avec « panorama ». Le site, « perle de l'Adriatique » avait des ruelles ombragées qui conduisaient toutes au port où des bateaux de pêche de toutes les couleurs étaient solidement amarrés près du quai... Une autre photo montrait les alentours du port. La côte était rocheuse et escarpée, les plages de sable, creusées dans de petites baies, n'étaient accessibles que de la mer. À cet endroit, l'eau était claire comme le cristal, le soleil et un ciel bleu sans nuages se reflétaient sur la mer, comme sur un miroir scintillant. Sur la couverture de derrière, un bateau à moteur blanc filait droit vers l'horizon : « Au revoir, Rab ! À bientôt ! »

Le petit garçon se pencha en avant :

– J'me sens pas bien.

– Tu vas pas vomir ? Elle sortit aussitôt un sac en papier qu'elle lui tendit.

– C'est toujours comme ça avec ce mouflet en voiture », ronchonna-t-elle en baissant la vitre de deux coups de

---

22 Pick-me-up : terme anglais familier pour désigner un remontant.

23 Waldorf-Astorus : marque de cigarettes blondes. *Astor* : *Le suprême raffinement dans l'art de fumer*, clamait la publicité.

manivelle, afin que s'évacue l'odeur dégoûtante qu'il avait répandue

– Respire lentement, petit, dit Kurt. Ensuite tu reprendras un cachet de Dramamine[24].

Une heure plus tard, ils parvinrent à destination. Kurt se dirigea vers l'accueil tandis que Margot restait avec lui. Elle sortit son paquet d'Astor et s'alluma une énième cigarette. Le garçon d'ascenseur les accompagna à l'étage, jusqu'aux chambres 8 et 11.

[24] Médicament contre le mal des transports.

Rottaler Hof à Bad Birnen, en Bavière

Le lendemain matin, juste après le petit-déjeuner, Kurt reçut un appel téléphonique à l'hôtel, il devait partir au plus vite pour assister à un entretien très important avec Hans Becker, de l'entreprise Magirus et Willi Stöhr, de Daimler-Benz, expliqua-t-il. Il eut malgré tout le temps de poser la main sur l'épaule de son fils, donc, mon cher, ne nous fais pas honte, tiens bon, hop, là ! Touchons du bois ! On se reverra au plus tard à Noël. Tante Margot allait l'accompagner.

Tante Margot se rendit tout d'abord à la poste avec lui pour régler ce qu'il y avait d'urgent, elle devait envoyer un petit paquet déjà emballé à son cher Dieti[25], il avait pleuré la dernière fois , il ne voulait pas rester avec son papy et sa mamy, c'est pourquoi elle lui avait acheté un ours en peluche, tout mignon, tout doux pour le consoler, tu vois ?

Ensuite, il fallait expédier les bagages du môme depuis Rottaler Hof jusqu'à l'internat public dans l'Anstorfer Straβe. Un grand garçon comme lui pouvait porter ses affaires tout seul, non, parce que, elle, elle ne

[25] Dieter. Kurt lui donnera son nom après son remariage avec Margot.

pouvait rien porter de lourd avec ses sandales à hauts talons et sa jupe droite, de toute façon, il n'y avait que quelque cents mètres à parcourir, ça y était presque, il n'aurait même pas le temps de s'en rendre compte. Il traîna sa valise de carton bouilli marron sur une cinquantaine de mètres, puis il dût s'arrêter pour changer de main, la couette vert kaki enroulée et retenue par une ficelle était bien sûr beaucoup plus légère mais vraiment pas pratique à porter parce qu'elle venait lui gratter les jambes nues… elle essaya de l'encourager en disant : allez, ça ne doit plus être bien loin, dans ce fichu bled.

C'est ainsi qu'ils aperçurent au loin un complexe d'immeubles ocre jaune, là où la route goudronnée s'arrêtait et une autre, Schotterstraβe, commençait. Un escalier pentu conduisait à un grand portail qui était fermé à clé ; ils durent continuer de marcher le long du mur jusqu'à ce qu'ils tombent sur une porte ouverte par laquelle ils pénétrèrent : ils étaient arrivés dans une cour intérieure, ding, le carillon d'une horloge sur un pilier sonna un coup, le quart de 11 heures ; une double porte dans l'aile droite attira leur attention. De la clarté ensoleillée du dehors, ils se retrouvèrent plongés dans une pénombre crépusculaire. Ils croisèrent tout de suite un homme voûté, culotte courte retenue par des bretelles.

– Je vous salue bien, je suis le directeur du pensionnat, M. Wiggler, vous êtes Madame… la maman ?

Tante Margot répondit qu'elle s'appelait Mme Heckmann, elle conduisait juste le petit garçon, son père était occupé à Munich.

– Ah, bon, ah, bon ! Et comment s'appelle le petit ?

Tante Margot le lui dit.

– Ça, c'est un beau prénom, c'est rare, non ? Puis, il jeta un coup d'œil à sa liste.

– Et quel âge a-t-il, le petit ? Ah ! Onze ans ce mois-ci ! Mais c'est un grand garçon, n'est-ce pas ? Ce n'est pas un gros mangeur ? Ne vous inquiétez pas, on va régler tout ça, mener une vie saine. Il énuméra les dix points du règlement, l'heure du réveil, les heures de cours, le temps libre en plein air, selon les conditions atmosphériques, catéchisme pour les pensionnaires catholiques le jeudi et messe à l'église le dimanche. Un après-midi par semaine, les pensionnaires étaient autorisés à aller en ville pour une coupe de cheveux chez le coiffeur ou acheter ce dont ils avaient besoin, etc.

– Et voilà, maintenant tu es au courant, tu peux.... Un instant, il reprit sa liste en ajoutant qu'on avait attribué au petit le numéro 64, un numéro qui devait être cousu sur son linge de corps, ses chemises et tous ses vêtements, parce que c'est comme cela qu'un enfant qui est confié à une institution retrouve ses affaires, il la pria de lui donner le certificat d'inscription, Tante Margot le sortit de son sac à main et le lui remit, puis vint la question délicate de la note à régler, quatre-vingt-quinze marks, oui, s'il vous plaît, je vous remercie, elle acquiesça naturellement, oui, c'est tout bon à présent, elle pouvait se sauver afin d'attraper le train de midi pour Munich, elle se tourna vers le môme, bon, allez, *ciao*, lui tapota la joue, porte-toi bien et obéis à M. Wiggler. Le directeur du pensionnat prit congé, au revoir, chère Madame, au plaisir… elle lui tendit la main et, sans plus tarder, descendit rapidement les marches vers la sortie. Le petit garçon entendit de loin l'horloge sonner deux coups, la demie de 11 heures. Tante Margot arriverait à la gare à temps pour prendre son train.

Premiers jours au pensionnat

Une cloison de bois peinte en gris séparait le hall d'entrée en deux parties. Le directeur Wiggler tint la porte battante ouverte pour que le gamin puisse s'y glisser, mais ce dernier ne put passer sa valise et sa couette de l'autre côté en même temps, il dut poser son bagage et le pousser avec le pied tandis que la porte battante s'ouvrait et se refermait, bom-bom, bom-bom, à courts intervalles, bom-bom, bom-bom, avant de s'immobiliser derrière lui, enfin.

La fenêtre à l'extrémité du rez-de-chaussée envoyait une telle clarté qu'il put lire les numéros noirs inscrits sur la porte des casiers, au-dessus desquels était fixé un cadre métallique. Ses futurs camarades et leur mère étaient occupés à ranger l'intérieur ; la maman rangeait les affaires et le fils se tenait debout, attrapait les vêtements et les lui tendait, elle montrait comment il fallait mettre tout en ordre, le parallelo[26] – lui aussi en en avait un, plus ou moins semblable, qu'on lui avait offert à Noël – les knickerbockers, les chemises, le linge de corps,

---

[26] Dans les années cinquante, les Geiger, à la tête d'une entreprise textile depuis le début du siècle, créèrent leurs pulls parallelo, tout nouveaux à l'époque, tricotés main avec des motifs norvégiens *Isländer*, qui eurent beaucoup de succès.

maillots et slips qu'on pliait les uns sur les autres pour gagner de la place. Ici et là, il voyait un papa qui donnait un coup de main.

Ce n'était pas le fait d'être seul qui l'angoissait, c'était plutôt que sa mère fût absente lorsqu'une étape si importante de sa vie commençait. L'effleurement de ses lèvres glacée sur ses joues, au moment de la séparation à Hambourg, lui revenait en mémoire, il le ressentait, telle une blessure qui n'aurait pas encore cicatrisé. Il aurait tellement aimé que sa maman soit là, il eût été pareil aux autres garçons qui s'agitaient non loin de lui.

Le petit garçon ouvrit le couvercle de sa valise et en sortit ce qui se trouvait en haut du tas, une paire de pantalons de gros drap, un anorak à carreaux noir et blanc qu'on lui avait acheté à la dernière minute dans un grand magasin. Il le mit sur un cintre et l'accrocha à la tringle. Il dut ranger le reste de ses affaires à l'endroit qui restait disponible, c'est-à-dire sur le plus haut rayonnage qu'il ne put atteindre qu'en grimpant sur le couvercle de sa valise refermée. Et, devant ses habits, il mit bien en évidence deux gants de toilette et une serviette de bain. La couette, il la balança dans l'espace creux, sous la tringle, crocheta son cadenas à la serrure et se mit à chercher la clé qui était tombée par terre et avait disparu.

Il partit à la recherche d'un interrupteur et longea les armoires en direction de la porte battante. Là où il y avait un espace, luisait un bouton blanc sur le mur. Il appuya dessus, une sonnerie électrique retentit dans tout le bâtiment et un type surgit de la porte en s'écriant : surveillant[27] d'astreinte !

– Qu'est-ce qu'il se passe ici, pour que retentisse cette sonnerie infernale ? Alors ? interrogea-t-il. De son majeur droit il fit glisser ses lunettes à monture d'écaille noire au-dessus de son nez, poursuivit le mouvement vers ses cheveux noirs crépus pour se gratter la nuque avec l'une

---

[27] Le terme allemand est *Prefekt*. Dans les lycées allemands (et anglais) le « préfet » est un élève plus âgé, et, de service, il est censé effectuer des tâches particulières, entre autres, surveiller les nouveaux élèves et aider les professeurs à les contrôler.

des branches. Le petit garçon lui expliqua ce qu'il désirait et le surveillant lui montra comment on allumait la lumière afin qu'il sache le faire tout seul après. Puis il remarqua que le nouveau pensionnaire portait toujours ses chaussures.

– Maintenant, il faut que tu te déchausses et que t'ailles porter tes pompes dans le casier à chaussures, dans l'entrée de la cave, sur une étagère où tu inscriras ton numéro, sinon gare à la raclée.

Il tapota le cadre métallique au-dessus de l'armoire :

– Et, ça, c'est pour mettre ta valise dans l'entrepôt.

– C'est quoi, l'entrepôt ?

Le surveillant sourit :

– Mon petit gars, l'entrepôt ici, c'est deux étages au-dessus, sous le toit.

Vers 18 h, un goûter fut offert aux pensionnaires dans le réfectoire ; sur les longues tables étaient posées des assiettes garnies de mets confectionnés par les mamans des « jeunes paysans » : petits pains ronds, charcuterie de toutes sortes, pâtés et saucissons, fromage blanc, gâteaux aux fruits, jus de raisin blanc en carafes et café allégé dans deux cafetières en métal. Le petit garçon se contenta de manger du bout des lèvres un petit pain. Plus tard, il s'en mordit les doigts, réalisant que la collation tenait lieu de dîner ce jour-là.

Dans la salle d'étude, le petit garçon chercha le pupitre n° 64 dont on sécurisait l'abattant avec un cadenas. Il l'ouvrit pour ranger ses affaires ; il y déposa quelques livres, *Les aventures du Baron de Münchhausen, Les enfants Langerud en été et en hiver*[28], le dictionnaire encyclopédique Knaur de A à Z, *Les plus beaux contes de l'Antiquité classique* de Schwab, un cadeau de ses tantes pour sa réussite à l'examen d'entrée au collège. À côté il mit des cahiers aux pages encore vierges, sa trousse et le petit coffre de bois avec ses pièces d'échecs à l'intérieur et enfin, l'échiquier en linoleum soigneusement plié. Tandis que le môme réfléchissait à la façon de se procurer un autre cadenas – dans le courrier que son père avait reçu, il n'était question que d'un seul cadenas sur la liste des choses obligatoires à emporter –, il fut sommé d'aller faire son lit, à l'étage. Dortoir 4 ! entendit-il hurler.

Il repartit vers son armoire, en sortit draps, taies et couette verte, et, les tenant serrés dans les bras, se dirigea vers les escaliers en faisant tomber l'une des taies ici, là un drap. Au fur et à mesure qu'il grimpait les marches, les camarades qui montaient en même temps l'accrochaient au passage, alors un drap lui échappait ou bien une taie… Le dortoir 4 était tout au fond, sur la gauche. Afin

---

[28] Titre allemand : *Die Langerudkinder im Sommer und Winter*, un ouvrage de Marie Hamsun, relatant les péripéties d'une fillette et d'un garçonnet, dessinés sur la couverture marchant à travers la campagne, leur bâton à la main.

d'utiliser l'espace au maximum, on y avait installé quarante lits de bois laqué blanc et autant de chaises pour poser ses vêtements. Le gamin arriva trop tard, les meilleurs lits, à la fenêtre, le long des murs et loin de la porte, étaient déjà tous occupés. Mais, non, il y avait un lit de libre, assez bien situé là-bas… hélas pas longtemps, un petit costaud se pointa presque aussitôt : pousse-toi de là, espèce de filou, c'est mon pieu, ici ! Il n'avait plus le choix, il se résolut à jeter son barda sur un lit, à proximité de la porte.

Les nouveaux s'apprêtaient à mettre les draps, quelques-uns avaient trouvé la combine pour changer les taies du traversin et de l'oreiller en les attachant par leurs extrémités et ils savaient comment faire glisser leur édredon dans la housse, par l'envers, alors le petit garçon se décida à les imiter en commençant par l'alèze et le drap, impeccable, ils épousaient les quatre coins du matelas, mais pour la couette, ça ne marchait pas, elle était trop grande, il s'y reprit plusieurs fois, la couette retombait toujours, et, pliée en deux, elle était trop petite. T'as donc pas d'édredon ? demanda le surveillant Klaus d'un ton narquois. Le gamin dut avouer que non, il n'en avait pas. Désemparé, il éloigna la housse de son lit. Il allait être le seul à avoir une couette vert kaki dans un pensionnat où, dans tous les dortoirs, poursuivait Klaus, il y a cent cinquante pensionnaires qui ont un lit exactement de la même couleur, ça va détonner dans notre communauté, c'est vraiment pas de chance pour toi, loupiot, ça porte la poisse, tu vois, c'est comme s'il y avait une énorme bouse de vache sur une colline enneigée. Chiffonné par son creux à l'estomac, il se tint coi.

Après l'étude, de 7 à 8, on devait se souhaiter bonne nuit et sous la conduite du surveillant, répéter : Réjouis-toi, Marie, pleine de grâces, couronne du ciel, je te salue. Prie pour nous, tes fils, pauvres pécheurs, tu es bénie entre toutes les femmes et Jésus, le fruit de tes entrailles, est béni… Que le seigneur tout puissant m'accorde le pardon afin que je m'endorme apaisé, chaste et pur… Le petit garçon remarqua que, avant de dire *amen,* les autres ne se signaient que sur la poitrine et le front. La prière terminée, il fallait ranger les cartables et ne rien laisser par terre qui pourrait entraver le ménage de la salle d'étude. Deux pensionnaires étaient chargés d'y veiller à tour de rôle ; ils devaient mettre les chaises sur les pupitres, balayer le sol, ramasser les poussières avec la balayette et vider la pelle dans la poubelle dehors, à l'entrée de la cave, remettre les chaises devant les pupitres et rapporter tout le matériel dans le placard à balais, tandis que les autres étaient envoyés à l'étage.

C'est l'heure du coucher, l'heure de dormir, l'heure du couvre-feu, ça ne se discute pas, c'est comme ça ! Le surveillant intima à la troupe de gamins l'ordre de se déshabiller pour aller se laver les gambettes.

Au premier étage, un autre surveillant d'astreinte avança le bras dans le flot des enfants en route vers le dortoir, en attrapa un par la main et le voilà qu'il lui tient ce discours : pourquoi il est toujours en chaussures, lui ? Ici, au premier étage ? Qu'est-ce que ça veut dire ? Il connaît toujours pas le règlement intérieur ? Si ? Alors pourquoi il a pas mis ses pantoufles ? Hein, pourquoi ? C'est si dur à comprendre ? Eh ?

– Ton nom ?

– Rosenthal.

– File au casier à chaussures, allez, ouste, va les ranger et pour demain, les verbes irréguliers en anglais à écrire au propre.

Le surveillant notait tout dans un carnet format de poche, je sais tout ce qui se passe ici, patrouillait dans les rangées tel un adjudant dans une caserne de soldats, j'ai tout le monde à l'œil, personne n'échappait au lavabo, va te laver, marmot, s'adressant au petit Fritz, sur le point de disparaître sous son édredon, et t'as intérêt à vraiment te rendre à la salle d'eau, sinon.... Il ne le quittait pas des yeux, bien qu'il s'éloignât vers un autre endroit du dortoir. Il y avait quatre rangées de lavabos, et plus loin, près de la chambre des surveillants, les douches ; les gamins étaient en train de s'asperger et certains, avec le pouce sous le robinet, envoyaient un puissant jet d'eau pour atteindre leurs camarades. Quelques nouveaux tentèrent de les imiter mais le surveillant était déjà de retour.

Le petit garçon posa sa trousse de toilette sur la planchette de bois, pour qu'elle reste bien au sec, commença à se brosser les dents puis se passa l'éponge humide sur le visage, comme il en avait l'habitude, mais ici la coutume était différente, il fallait se laver le torse et par conséquent ôter le haut de son pyjama afin de se frotter le cou, sous les aisselles et dans le dos, le petit garçon hésita, je crains que je n'attrape froid... si je me déshabille... Pas le moins du monde, freluquet, il faut me laver tout le haut, regarde-moi ça, on pourrait jouer au piano sur tes côtes ! Allez, il faut te mouiller devant moi.

Le surveillant aux cheveux crépus se planta à côté de lui, il avait trouvé le bon filon, celui-là ; il se frottait vigoureusement le torse et le cou avec une serviette sèche sans avoir usé de l'eau glacée ! D'autres prenaient la toilette du soir très au sérieux, ils se dirigeaient vers les lavabos, savon dans la main, serviette sur l'épaule et se lavaient de la tête au pied sans se laisser distraire par ceux qui leur pinçaient les fesses ou leur donnaient une tape dans le dos. Un malotru posa une devinette :

– Qu'est-ce que ça sent, un pet de clown ? Eh ?

– ? ? ?

– Ça sent drôle !

N'aimant pas être pris au dépourvu, le petit garçon s'efforça de trouver une réplique mais il ne trouva rien à dire.

Puis commença la navette entre les lavabos et les urinoirs, où les internes accédaient par une porte coulissante, et après quelques minutes, se formait une file de retardataires, piétinant devant une porte en mouvement perpétuel. La navette entre le pot et le dodo, c'est comme ça qu'on disait ici. À l'entrée, une odeur nauséabonde vint piquer les narines du petit garçon qui s'approcha des urinoirs où les mômes patientaient, couvrant d'une main leur pénis qu'ils avaient sorti de la fente de leur pyjama ; ils pissaient tout en jetant un œil à droite, à gauche pour voir si le voisin en avait un de plus gros ; une trace jaune vert luisait sur le mur, là où le jet tombait avant de s'écouler dans la rigole, près du conduit tout rouillé de la chasse d'eau.

Quel tapage dans les cabinets, tous occupés, deux garnements s'entretenaient à voix haute à travers la paroi de bois qui les séparait. Le petit garçon tenta de suivre ce qu'ils disaient, ce fut peine perdue ; s'ensuivit un flot d'injures : pardieu, trouduc, youpin, négro, ricain, jésus de mes couilles, Seigneur Marie Joseph, alléluia ! censé étouffer les pétarades incongrues sorties de leur postérieur. Une chasse d'eau tirée vida le contenu malodorant de la cuvette, l'un des garnements sortit, envoya une bourrade dans le dos du petit garçon qui se précipita dans le WC enfin libéré.

Tous étaient couchés quand apparut dans l'embrasure de la porte un gars large d'épaules, vêtu d'un costume noir. D'un pas lourd, il commença son tour de garde dans le dortoir plongé dans la pénombre, bong, bong, bong, faisaient ses godillots en tombant sur le linoléum. Arrivé dans l'un des angles de la salle, le bong se transformait en schbong, un grincement étouffé, demi-tour, en avant, c'est moi Vatzka, bong, bong, bong, Vatzka, de Bistrita[29]. Bonne nuit, bonne nuit, Monsieur le surveillant. C'est Lama, chuchota un gamin à son voisin, le petit nouveau, c'est son surnom parce qu'il montre les dents quand il ouvre la bouche, il se vante de parler plusieurs langues couramment. Avant de sortir, Vatzka alluma un globe qui répandit une lumière rougeâtre, éclairant son visage anguleux, son menton proéminent et ses lunettes cerclées d'acier. La porte resta ouverte, le bong s'amollissait, blong, blong, blom, blom, plom, plom, Vatzka atteignit une autre porte, ne bougea plus, silence, puis il disparut. Les deux surveillants de garde s'entretinrent quelques instants, on les entendait, puis ils se déshabillèrent lentement avant de grimper dans leur lit.

Plus tard, l'interne le plus âgé du dortoir se leva, alla fermer la porte. C'était le signal. Ça venait d'un groupe de spécialistes : Dietmar, Jens, Toni et Eugen, qui s'étaient dissimulés sous leur lit sans bruit, lâchèrent en même temps un sifflement perçant, qui mit en transes le petit nouveau. S'ensuivit un concours de pets dans les règles, auquel chacun devait participer dès qu'il entendait son voisin s'exclamer :

– Allez ! Lâche-le dans la poêle !

---

[29] Ville située au nord de la Roumanie.

On savait alors que c'était à son tour de péter. Le minot était stupéfait, c'était bien la première fois de sa vie qu'une chose pareille lui arrivait. Tante Christelle et Tante Susi lui avaient enseigné les bonnes manières, à savoir, qu'il y avait un endroit pour ça, et qu'il fallait y arriver avant de répandre une odeur infâme partout, une fois il n'avait pas pu se retenir et Tante Susi l'avait soumis à un interrogatoire serré avant de l'envoyer sur le trône avec une fessée. Comment devait-il se conduire à présent, bien sûr, il ne le savait pas. Il comprit juste qu'il avait intérêt à suivre la consigne ; alors, il trouva un moyen : il frappa contre la tête de lit du plat de sa main, cela produisit un bruit semblable à celui de ses camarades, mais beaucoup plus sonore.

Un fou rire général lui confirma que son imitation était réussie. À présent, l'aîné du dortoir en eut ras le bol. Il avertit l'assemblée que maintenant il fallait se tenir à carreau, personne n'entendit qu'il se levait pour aller s'installer sous le globe allumé et, de cet espace, il se mit à brailler un chapelet d'injures incompréhensibles en direction des lits, on discernait quelques mots : gueule, clapet, bon à rien, taupe, etc. Les petits nouveaux gardaient le silence, tandis qu'au fond, des gloussements et des ricanements étaient à peine étouffés. Soudain, nouveau silence, la porte s'ouvrit, un surveillant entra pour effectuer un dernier contrôle : vous n'avez plus besoin de rien que de la douce clarté de la lune, plus un bruit ! Il éteignit le globe et sortit. Le dortoir fut plongé dans le noir.

Le jour se levait à peine lorsque retentit la sonnerie du réveil à 6 h 30. Le groupe de spécialistes était déjà debout au fond du dortoir, hurlant un salut, nous, on est réveillés, interrompu par l'aîné du dortoir qui, ouvrant péniblement les yeux, se mit à brailler : fermez-là, bordel ! Restez tranquilles, retournez au pieu ! Sans pouvoir empêcher le départ successif des gamins qui prenaient le chemin des toilettes en pyjama, on entendait la porte qui s'ouvrait et se refermait, bang, s'ouvrait et se refermait, bang ! Le minot leur emboîta le pas, il avait mal au ventre, il se sentirait mieux, après.

Les quatre cabinets étaient occupés, il y avait déjà trois mômes qui attendaient, se tenant sur une jambe puis sur l'autre, se frottant le bas ventre d'une main et, de l'autre, tapait à une porte en criant : magne-toi, enflure, tandis que de l'intérieur parvenaient des gros mots menaçants : va te faire foutre, minable ! va te faire mettre, espèce d'abruti ! Quand l'échange de jurons était terminé, on pouvait entendre des gémissements, des grognements couronnés de succès, mais il fallait encore attendre le bruit de la chaîne, clang, celui de la chasse d'eau, glouglou, du verrou, clac.

Une porte s'ouvre, tchag, bousculades, plaintes, je suis pressé, c'est à mon tour, j'étais avant toi, protestations. Seul le plus fort qui n'hésite pas à donner une bourrade dans le dos ou une claque sur la tête de celui qui sort peut prendre possession des lieux. Je ne peux plus me retenir. Le petit garçon n'en peut plus, un surveillant lui laisse sa place non sans lui asséner une boutade : la merde du matin, c'est bon, putain ! Il a dû sentir l'odeur pestilentielle.

Celui qui est passé avant lui a laissé la lunette toute chaude mais il a utilisé tout le P.Q., il ne reste qu'une mince feuille collée sur le rouleau, par terre. Le petit garçon ne s'est jamais préoccupé de cette question auparavant. Il étudie les décorations qui couvrent la paroi intérieure de la porte, les doubles cercles dessinés d'une belle envolée, avec des points noirs dedans, les petits bonshommes allumettes garnis de cinq membres, quelqu'un a rédigé trois lignes de différentes couleurs, dont on ne peut plus lire que des bribes ou des lettres : Dans ce cabinet… esprit, celui qui chie… par en-dessous les œufs. Il y a aussi une liste gravée dans le bois : Klaus = Négro, Ketzer = Minimax, Schlütter = Gandhi, et au crayon sont inscrits Vatzka = Lama, Schmidt = Moutard. Fleischinger = Boucher. Dans la cloison gauche qui sépare les cabinets, un petit trou a été creusé avec soin, juste à la hauteur de l'œil. Si on bouge légèrement de biais quand on est assis sur la lunette et on penche le cou, on peut regarder au travers et voir qui est sur le trône de l'autre côté, et en particulier, le haut de sa tête, la joue, le bout de son nez et savoir quand il se relève et remonte son pantalon. Mais il aura tout le loisir de le faire une autre fois, car déjà, quelqu'un frappe à la porte avec son poing : magne-toi, connard, ça presse !

Comme le petit garçon regagne le dortoir, il est accueilli par l'aîné, alors, comme ça, mon p'tit gars, tu t'en vas et tu reviens sans demander la permission, bordel, espèce de nouille, gros nigaud, il suffit de poser la question poliment et la réponse est oui. Oui, dit le petit garçon, c'était ce qu'il fallait faire, Martin Steffen renchérit, il parle un dialecte épouvantable, dont le petit garçon ne comprend que la moitié, c'est ton destin, bizuth, y faut obéir, t'as pas fait ton lit, fais-le et après tu vas aller te laver, mieux que hier soir, torse nu, le nigaud va aller dans la salle d'eau, ouvrir le robinet et s'asperger le corps ! Et le cul, poursuit le petit garçon en son for intérieur.

Au petit-déjeuner, les élèves peuvent choisir leur boisson chaude. Martin Steffen s'arrange pour qu'on lui donne la peau du lait brûlante et la mettre dans son bol de café au malt, ensuite il coupe deux petits pains et étale les deux étoiles de beurre sur les quatre moitiés, ensuite de la confiture de fraises d'un rouge pâle sur chaque moitié de petit pain, il les remet l'une sur l'autre ensuite et les trempe dans sa tasse ; après un certain temps il y a des morceaux qui nagent dans son bol. À la table, la plupart l'imite, le minot est assis, mange ses petits pains lentement en buvant une gorgée de chocolat après deux ou trois bouchées. Chacun a droit à une tranche de pain, celle qui reste sur le plateau en tôle, personne n'ose y toucher ; Martin Steffen grommelle de façon non équivoque, ce morceau-là, c'est pour moi. Le pot de confiture se vide rapidement, il faut le réclamer si on en veut en mettre un peu sur son pain. Peter Sprunneberg s'en fout, de la confiture ; il a rapporté de chez lui un saucisson de pâté de foie et, de son couteau, en extrait une quantité énorme qu'il étale en couche épaisse sur sa tartine.

Peu avant huit heures, les élèves de sixième sont emmenés dans le couloir. Le surveillant Klaus interpelle Ferdinand Wegner : regardez-moi ça ces ongles rongés dégueulasses, visiblement il n'y a que la tête que tu t'es passée sous l'eau ce matin, je te conseille par la même occasion de te peigner, de reboutonner ta chemise comme il faut et remonter ta braguette… Ceux qui ont passé le contrôle sans encombre : en avant, marche, marche ! Suivez-moi.

Ils atteignent la remise à chaussures où le surveillant leur ordonne de se chausser, Le petit garçon est prêt à obéir mais dans son casier, il y a eu un changement, les pompes ne sont pas les siennes, et c'est la même chose pour d'autres pensionnaires qui cherchent leurs chaussures dans la faible lumière des ampoules électriques, et celles qui ne sont pas les leurs ont été jetées à même le sol. Quel foutoir, ici ! Quel est le connard qui est responsable de ce bordel ?

Franz Strungl n'en a rien à foutre, il demande posément aux plus grands s'ils savent où sont passées ses chaussures, puis hausse les épaules, les plus âgés répondent j'en sais rien, j'ai pas le temps, tire-toi, laisse tomber, mais à leur tour ils lui demandent quand même : et vous, vous n'avez pas vu les miennes par hasard.

Le surveillant Fleischinger, censé ramener de l'ordre dans le désordre, surgit afin de veiller à ce que chacun puisse continuer à rechercher ses chaussures dans les étagères avec plus ou moins de succès. Le petit garçon croit en avoir trouvé une, mais ce n'est pas la bonne pointure, elle est beaucoup trop grande, personne ne remarque que le petit nouveau, Gilbert Ölinger, de Munich, est toujours en pantoufles. Le pantalon à peau de cuir, typique de la région, provoque la curiosité, celui que le petit garçon porte est trop large pour lui, il va falloir qu'il grossisse, les camarades lui tapotent les fesses et se moquent de lui, oh, le petit cul !

Premières heures au collège

Dans la cohue rassemblée au rez-de-chaussée, le gamin se voit pris en charge par une dénommée Mme Weiβ qui, d'une voix perçante, lit le nom des nouveaux afin qu'ils se regroupent en silence; elle dirige les élèves qui lui ont été confiés dans une salle où elle leur dit de prendre place. Sur son ordre, le petit garçon va s'assoir au premier rang à côté d'un lascar qui porte bien son nom : Eckhard Lesker. Après la prière, Mme Weiβ gravit l'estrade, s'installe à son bureau, jambes croisées, et jette un coup d'œil rapide sur la classe, les nouveaux occupent les vingt et un pupitres doubles. Elle se présente : je suis votre professeur principal, je vais vous enseigner l'allemand et l'anglais et à cet effet, il vous faudra des choses bien précises, par exemple des cahiers pour les devoirs faits en classe, elle en brandit un à couverture noire devant elle, en exigeant qu'ils soient tous identiques, et des feuilles doubles lignées pour les rédactions et les devoirs improvisés… Elle l'agite devant elle, on se les procure ici à la papeterie *Kambli*, en ville.

Ce qui est important aussi, c'est leur comportement, c'est-à-dire se lever quand le professeur entre dans la salle de classe ou en sort, ça ils doivent le savoir, même ceux qui viennent d'arriver, non ? Il ne faut pas s'affaler sur le pupitre mais se tenir bien droit en toutes circonstances, lever le doigt pour prendre la parole, sans crier, n'est-ce pas, je n'aime pas ça, ne pas faire claquer l'abattant du pupitre quand on se lève pour donner une réponse ; ne pas écrire sur le pupitre ni faire d'entailles dans le bois, attention, c'est puni sévèrement, le mobilier scolaire doit être bien traité, après eux, il y aura encore des élèves qui voudront avoir un pupitre en bon état, pas vrai ? D'ailleurs toutes ces règles, le directeur de l'établissement leur en glissera un mot tout à l'heure. Il portera à leur connaissance les devoirs d'un élève, dans un collège.

Elle leur explique également ce qu'est le cahier de textes de la classe, elle le montre à tout le monde, il est attaché avec une cordelette noire ; elle désigne deux responsables, deux externes, Josef Lundler et Franzl Königbauer, en leur expliquant à quoi il sert et combien il est important : vous allez le chercher chez le surveillant général avant les cours et vous le lui rapportez après, sans traîner. Le cahier de textes sert à tous les professeurs, parce que ici, contrairement à ce que vous avez connu dans le primaire, vous aurez un professeur différent à chaque heure pour chaque matière, c'est pour ça que vous avez un emploi du temps que je vais d'ailleurs vous dicter maintenant.

Elle commence par le lundi, énumère les heures et les cours ; Eckhard Lesker louche sur le brouillon du petit garçon qui, lui non plus, n'arrive pas à écrire assez vite quel jour et à quelle heure ils auront catéchisme, allemand, anglais, etc. Elle doit répéter plusieurs fois, certains garçonnets ne sont pas habitués à son dialecte, ensuite, elle fait distribuer par les six élèves du premier rang la pile de livres à côté d'elle sur le bureau, l'un d'eux ; Franzl Königbauer, responsable du cahier de textes, pose un livre usagé devant le petit garçon juste au-dessus d'un dessin gravé dans le bois sur l'abattant du pupitre, le minot a eu le temps de l'observer : de petits bonshommes le cœur percé d'une flèche et dont la tête de profil exhibe un nez protubérant, avec des taches d'encre tout autour et *A Z 1925*. Le petit garçon fait des efforts pour lire les lettres tarabiscotées du titre en gothique : *Bien vivre*, un livre de lecture pour les élèves du collège, édition spéciale pour la Bavière.

Après la distribution, elle leur demande de prendre soin de ce manuel qui ne leur coûte rien, vous avez bien de la chance, en le recouvrant dès qu'ils seront chez eux ou à l'étude, d'autres élèves après eux auront envie de l'utiliser, non ?

– À présent, fermez les livres et écoutez-moi bien !

Elle commence à lire un poème et, afin que les enfants reconnaissent chaque personnage, elle change de voix puis elle met son livre sur les genoux : trois bateaux arrivent sur une plage, raconte-t-elle. Elle imite le bruit du vent, oouuh, oouuh, oouuh ! Quarante-deux sixièmes la regardent bouche bée sans broncher. La voici qui agite les deux bras, comme pour ramer. Ce faisant, sa jupe de laine pied-de-poule remonte et les élèves assis au premier rang remarquent que ses bas de nylon s'arrêtent pile au-dessus du genou.

– Maintenant, ouvrez votre livre p. 117 !

Elle les fait lire, les interroge sur les personnages, le nom du roi, ensuite elle demande à des élèves de poser des questions et à d'autres de donner les réponses. C'est elle qui mène la barque. C'est parti : Comment s'appelle le roi ? Gorm, bien ! Gorm comment ? Grymme. Bien, Gorm Grymme[30]. Et la reine ? Danebod, bien ! Que se passe-t-il dans la première strophe ? Savez-vous ce que c'est une parure ? Un bijou ? Oui ! Elle montre sa chaîne en or autour du cou, dans le texte c'est un collier de corail, qu'est-ce que le corail ? Ils ne le savent pas. Elle le leur explique, puis revient aux personnages du poème, qui est aussi une ballade, parce qu'il s'y passe des événements dramatiques, il y a un autre personnage, non ? Ah oui ! Un fils, le jeune Harald, il est blond, il a 15 ans, ses parents l'aiment tendrement, il porte des vêtements de satin bleu brodé de fils d'or ; il joue à la balle et a l'autorisation d'escalader le bas-mât du navire.

Debout sur la hune, il chante un lied. Mais bientôt se produit une tragédie, le jeune homme est retrouvé dans son sang dans un marécage de Brömsebro[31].

– Qu'est-ce qu'un marécage ? Je vous l'explique : une étendue d'eau, avec des mousses et des fougères. Près de Dachau, il y a des marécages bien connus, les marécages de Dachau… près de Minga[32], Bon, passons. Et ici, dans notre ballade, ce marécage se trouve entre le Danemark et la Suède.

Son visage s'assombrit, elle plisse le front, fait mine de pleurer, quelle triste histoire, n'est-ce pas, Harald qui meurt si jeune et si tragiquement. Les questions se

---

[30] Ballade de Theodor Fontane (1862).

[31] Village à la frontière entre les provinces du Bleking et du Smäland. La paix de Brömsebro (13 août 1645) mit fin à la guerre de *Torstenson,* faisant partie de la Guerre de Trente ans, conflit local commencé en 1643 entre la Suède, le Danemark et la Norvège.

[32] Minga : nom bavarois de München, Munich.

poursuivent, elle secoue la tête, les réponses n'arrivent pas assez vite, son accent bavarois désempare le petit garçon et un autre aussi, à l'évidence. Hartmut Marten ? Hartmut se lève, pas plus haut que trois pommes. Comment s'appelle le roi ? Il ne le sait plus, elle lui demande de quitter son pupitre et se mettre au milieu de la rangée centrale, il reste là, les yeux écarquillés, silencieux. Tu peux pas te creuser la cervelle ? Il fait non de la tête et demande à aller se rassoir. Elle en interroge un autre, puis un autre…

La cloche sonne ; elle remonte la manche de son corsage à fleurs pour regarder sa montre, ah, oui ! C'est l'heure ! Un instant, s'il vous plaît, vous apprendrez les deux strophes par cœur, et n'attendez pas le dernier moment pour vous y mettre parce que c'est difficile, vous devrez aussi recopier l'emploi du temps dans le cahier spécial, celui dont je vous ai parlé, que vous irez acheter chez *Kambli,* c'est pratique, car dedans, il y a un calendrier et un cadre pré-imprimé pour l'emploi du temps …

Elle descend de l'estrade et sort de la classe en trottinant, son cartable énorme sous le bras. Le professeur suivant, un homme bronzé, l'allure sportive, fait son entrée dans la salle. Il parcourt du regard l'ensemble des élèves, va serrer la main de ceux qu'il connaît déjà, Maxl, par exemple, dont le père joue au tennis avec lui, ça va Maxl ? demande-t-il ; les externes s'assoient aux premiers rangs, qui leur sont réservés, les demi-pensionnaires et les internes s'assoient au fond, ça y est, tout le monde est installé.

– Je m'appelle M. Aberl, j'enseigne les mathématiques, les mathématiques, c'est un jeu, on s'amuse quand on calcule. Il a des feuilles à la main, il les donne à Maxl et à

Ernst, au premier rang, qui se lèvent de concert, l'un distribue dans la rangée droite et l'autre dans celle de gauche.
– Écrivez vos noms en haut à gauche et en dessous 1e[33] a, votre classe. Ils vont commencer par des révisions, et aussitôt, il se met à dicter des chiffres, les dizaines, d'abord, puis les centaines, les milliers, puis les millions. Les élèves doivent écrire des nombres en toutes lettres. Allez, c'est facile, il n'y a qu'à suivre, les encourage-t-il. Au début, le minot y arrive mais ça devient de plus en plus long et difficile à écrire, il ne va pas assez vite, *soixante-quatorze millions trois mille deux cent quatre-vingt-douze,* il est à la traîne et n'entend pas le nombre suivant, il essaie de regarder sur la feuille de son voisin qui a pris du retard lui aussi, les autres continuent d'écrire comme des furies jusqu'à la fin du jeu, dont le but est d'atteindre les mille millions, soit les milliards… La sonnerie retentit. Allez, maintenant, je ramasse les feuilles ! hurle M. Aberl. Les plus forts auraient bien continué jusqu'aux trillions.

Le prof de math se dirige vers la cour où s'est formé un groupe d'élèves : ce sont des terminales censés accompagner seuls les nouveaux élèves au centre-ville pour assister à la réunion générale de rentrée dans une grande salle, où ils seront présentés au personnel dirigeant de l'établissement avant d'être mis au courant des statuts, du règlement et des réjouissances de l'année 1955-1956. En avant, marche !

– Votre attention s'il vous plaît !

---

33 En Allemagne, les classes sont désignées dans l'ordre inverse : la première classe correspond à la sixième en France, le deuxième à la cinquième, etc.

Ils sont obligés de se serrer les uns contre les autres sur de longs bancs en bois placés sous les fenêtres au fond de la salle, tandis que les professeurs se dispersent et leur ordonnent de cesser les bavardages. Voici le proviseur qui monte sur l'estrade, ses papiers dans la main droite, chaussant ses lunettes de la gauche :

– Bienvenue, chers élèves du collège et du lycée, je vous annonce que dimanche se tiendra une cérémonie d'ouverture du culte dans l'église de pèlerinage de Gartlberg. En octobre, outre la fête nationale de la république fédérale, le 26, il y aura une semaine d'étude sur la chasse, la semaine de la jeunesse, c'est en février, avec une conférence du professeur Heinloth, intitulée : *Le livre, une aventure de l'esprit*. En mars, ce sera la semaine de la Fraternité, en mai, la journée du code de la route, plus tard des cérémonies consacrées au jour de deuil national, puis au jour de l'Unité allemande, au jour de la patrie, tout cela de façon à commémorer des dates importantes sous la conduite bienveillante du professeur de musique et chef de la chorale…

Il évoque l'importance de la vie religieuse et spirituelle, des chanteurs accompagnés à la flûte donneront un concert de lieder en exécutant *Marie Madeleine,* lors d'un concert au théâtre municipal de la ville d'Eggenfelden, en Basse-Bavière. Il ajoute qu'est prévue une excursion historico-culturelle : la visite des cloîtres bavarois le long du Danube, une autre visite au Walhalla, à l'intérieur duquel, comme chacun sait, sont exposés les bustes des grands hommes allemands, enfin à la cathédrale Saint-Pierre à Ratisbonne pour les élèves de seconde.

Le petit garçon perçoit des bribes… le Père Reginald, rentré d'une mission en Afrique racontera ses aventures en projetant de multiples photos … les activités florissantes de la jeunesse catholique, la visite du Père Pöppinghaus, du professeur d'université Guido Geisperger…. Le 8 décembre, jour de l'Immaculée Conception, une célébration festive… le sacre des chevaliers… Pendant les vacances de Pâques, nombreux sont ceux qui prennent part aux journées de formation des chefs scouts…. Et aussi à la Pentecôte, le cercle hippique organise des cours, c'est le moment d'apprendre à monter à cheval…

– Bon, il faut conclure, je m'aperçois que les nouvelles recrues sont attentives et nous donneront entière satisfaction, si elles veulent participer aux activités, elles iront se présenter à l'intendance pour payer leur frais d'inscription.

Le proviseur, on le voit à sa mine, on l'entend au son de sa voix, est heureux d'annoncer que la rénovation des bureaux de direction, du secrétariat et de l'intendance s'est achevée pendant les vacances, il reste malheureusement à terminer l'éclairage des salles de permanence. En attendant, des espaces de vingt à vingt-cinq mètres carrés ont été aménagés dans le nouveau bâtiment et d'autres dans l'ancien, le gymnase sera utilisé comme salle de classe également.

Un souffle tiède se répand à l'intérieur de la salle, entraînant sur son passage un effluve nauséabond de sueur, les jeunes transpirent comme s'ils étaient en plein soleil, au mois d'août, lorsqu'on ouvre les hautes fenêtres pour aérer, il faut les refermer presque aussitôt, le bruit ronflant des tracteurs et autres engins agricoles qui traversent la place rend toute communication inaudible. À respirer cet air vicié, le petit a un haut-le-cœur, il doit serrer les mâchoires pour écouter avec attention ce qui suit : les choses importantes à retenir.

Par exemple, la délivrance d'un certificat de fin d'études secondaire coûte cinq marks, celui d'une sortie, quatre marks, d'une attestation de présence annuelle deux marks… les grands élèves savent déjà tout cela, ils se lèvent de concert et se précipitent vers la sortie de secours.

Les cours de l'après-midi s'achèvent avec une heure d'anglais dispensée par Mme Weiβ. Celle du matin. Depuis son bureau, sur l'estrade, elle remarque le désordre, de leur propre chef, les élèves ont changé de place ! Ça ne va pas du tout comme ça ! L'élève nommé Kolondz se lève et demande pourquoi. Elle va le lui expliquer. Parce que, avant de leur donner leur premier cours de langue allemande, elle a dressé un plan rapide avec le nom et le prénom, pour reconnaître les élèves. Et pour que ça te rentre bien dans la tête, je te donne une punition : va t'installer au fond et dessine le plan de la classe correctement sur une feuille de papier. Compris ? Tandis que chacun se remet à sa place initiale, deux élèves distribuent les livres d'anglais, dont il manque des pages à certains ; dans d'autres, il y en a des déchirées ou des écornées, sur la couverture, on distingue le contour d'un ouvrage de ferronnerie, près d'une rivière, et le titre qui se détache en noir, *STEP by STEP*.

Ce livre-ci, il est interdit de l'utiliser avant de l'avoir recouvert de papier résistant, que vous irez acheter à la papeterie *Kambli*, en ville… Et pourquoi a-t-on besoin d'apprendre l'anglais ? Pas seulement parce que c'est votre première langue étrangère, si ? Non. Parce que quoi alors ? Donnez-moi au moins deux raisons valables pour lesquelles il est primordial de parler une langue étrangère. Aloïs Zierhofer sait la réponse, c'est pour pouvoir s'entretenir avec les étrangers partout ailleurs ! Exact ! Bien ! À qui peut-on parler anglais ? Aux Anglais !

Juste ! Très bien et à qui encore ? Aux Amerloques ! s'aventure un gamin derrière le petit garçon. La prof Weiβ se fige à son bureau, les gamins baissent les yeux sur leur livre fermé, en étudient la couverture où, en plein milieu, est dessiné un drôle de pont, avec un plongeoir à chaque extrémité, qui donne sur la rive droite et sur la rive gauche.

Lève-toi ! debout, toi ! Elle exécute de la main un geste sans équivoque ; comment s'appelle-t-il, lui ?

– Antek[34] Probischel.

– Comment ?

– Anton Probischel.

L'expression sur son visage ne laisse planer aucun doute : on ne fait pas le petit malin avec elle, occupe-toi plutôt de ton livre et n'essaie plus de déranger le cours, c'est pas vraiment ce qu'il veut, si ?

Anton fait non de la tête et demande la permission de se rassoir.

Le cours progresse, elle fait remarquer en détachant bien ses syllabes, que, oui, les A-mé-ri-cains parlent une langue qui s'approche de l'anglais, bien qu'ils ne vivent pas en Angleterre, oui, les étrangers parlent anglais partout dans le monde et c'est la langue étrangère la plus importante parce que, quand on parle anglais, on peut se faire comprendre partout. En règle générale, tout n'est pas aussi simple pourtant, il y a des mots semblables en allemand et en anglais, comme on dit *na* en dialecte bavarois pour dire *nein* (non), ils se ressemblent, comme par exemple, *Gras* qui est aussi *grass* en anglais (herbe), avec un s en plus, mais il y a tant d'autres mots qu'il est

[34] Antek : désigne un soldat russe ou polonais.

nécessaire d'avoir un carnet de vocabulaire, elle sort un petit cahier de son cartable et montre aux élèves de son index comment le tenir : à gauche le mot anglais et à droite, sa traduction en allemand, parce que si on écrit un mot une fois, deux fois, etc. on le retient bien mieux après et on le répète tout haut.

D'ailleurs, apprennent les sixièmes, on peut écrire un mot d'une façon et quand on le prononce, c'est complétement différent, cela veut dire qu'il faut absolument ouvrir les oreilles et s'entraîner pour faire des progrès. Pour leur montrer à quoi cela ressemble elle va prononcer l'article défini *the,* de deux manières, elle fait glisser sa langue entre les dents et dit *the,* un *the* qui sonne comme *z* mais pas pareil et un autre *the,* qui siffle et s'approche d'un *s* mais pas tout à fait, mais ils auront le temps de s'y habituer, ce sera à la leçon 12. Pour le moment, nous sommes à la leçon 1. *Number one.* Elle ouvre son livre, page 7, les élèves l'imitent timidement, elle vient de leur dire de ne pas utiliser leur livre avant de l'avoir recouvert, bon, tant pis … même Kolondz qui était en train de dessiner des arbres sur une feuille de papier à carreaux, ouvre son livre.

– Vous y êtes, regardez ! Elle sort un trousseau de clés de son sac et le brandit devant eux : *keys ki:z, a key, ki: keys ki:z, a key, ki:* en agitant les clés, ping ! puis en en prenant une dans la main, comptons *six keys, siks ki:z, siks ki:z,* un i court, un i long, *i i:* les élèves vont répéter chacun leur tour et ils ont intérêt à s'appliquer, à elle d'abord :

– *siks ki:z.*

Puis au tour de Horst Kritz :

– *sechs kiss*[35].

– Non, encore une fois, ce n'est pas difficile pourtant ! *siks… ! ki:z… !*

– *sechs kiss.*

Avant qu'il ne fasse un autre essai, elle tente de lui expliquer la différence entre les *ki:z* et les *kiss* et à cet instant, un bruit de baiser bien sonore retentit dans la classe, Mme Weiβ est estomaquée, silence total, puis : ce n'est pas ce que tu voulais dire, hein ? Horst Kritz répond que non ; elle ne craint pas les explications franches, il faut juste bien articuler. Elle appelle Reinald, un petit orphelin, et lui demande de répéter lentement et distinctement devant tous ses camarades *siks – ki:z.* Parfait ! Sous l'effort, le visage joufflu et rond comme une pleine lune de Horst Kritz a rosi, ses oreilles en sont devenues toutes rouges, il ne parvient pas à combiner les deux mots, il s'en tient à *sechs kiss*. Mme Weiβ l'autorise à se rassoir, Horst regagne sa place et laisse tomber son corps bien charnu sur le banc non sans cafouillage et frottement de pieds.

Mme Weiβ, poursuit, expliquant aux sixièmes, à l'aide de ses deux index tendus, que c'est en s'exerçant de cette façon, avec les six clés, que l'on peut faire des progrès en anglais, et c'est au tour du petit garçon de répéter, comme les autres. Les clés sont suivies par des poissons… dessinés dans le livre, les gueules démesurées et les yeux exorbités : *six fish!*

Six fish! résonne dans les premiers rangs, *six fish!* résonne au milieu, *six fish!* résonne à droite, *six fish!* résonne à gauche et tout le monde a ainsi la joie d'évoluer en compagnie de six poissons, mais : attention ! dit-elle,

---

[35] *Sechs* veut dire six en allemand et *kiss* un baiser en anglais !

c'est plus difficile d'attraper un gros poisson *a big fish* d'un seul coup que six à la suite, regardez, vous suivez ? Sur la page du livre, un poisson énorme menace d'avaler tout cru un minuscule pêcheur à la ligne. D'un doigt, elle désigne Maxl, qui doit répéter tout haut *a big fish,* tandis que Reinald dit *six fish* en même temps. Sois tranquille, Reinald ! Elle désigne un autre élève, Schorschi, qui s'efforce de reproduire *a... a... a b-big fi-sh, a bbigg fish !*

Soudain, Mme Weiβ se souvient de Kolondz, dans son coin au fond de la classe, penché sur sa feuille de papier, qui s'applique à dessiner le plan de la classe avec un crayon et une règle. Elle doit l'appeler deux fois avant qu'il ne réagisse et se rende compte que la prof s'est adressée à lui. Il se met debout, relève sa mèche de cheveu qui lui recouvre tout le front et attend.

– T'as dormi ?

Kolondz secoue la tête pour dire non.

– Tu ne peux pas répondre ?

Kolondz en est incapable et se voit remettre une nouvelle punition : toute la leçon 1 à recopier à la maison, afin de s'en imprégner et... veiller à ce que ça se passe mieux la prochaine fois. Il faut savoir battre sa coulpe, c'est maintenant que tout se décide.

– C'est clair maintenant ? reprend-t-elle.

– Battre sa coulpe ? C'est quoi, ça ?

– Se repentir. C'est bon ?

Kolondz fait un signe affirmatif de la tête.

– Assis !

Kolondz repart s'assoir à son pupitre et se met à recopier le début de la leçon dans son cahier. Reinald Mandel montre à tout le monde comment bien prononcer *a big fish,* il sait le faire impeccablement. À côté du poisson énorme est dessiné un gros cochon, qui remporte beaucoup plus de succès que le gros poisson auprès des élèves, il est en compagnie d'une truie soyeuse et souriante. Aloïs, un petit futé, est désigné pour essayer de la désigner en anglais, s'il vous plaît, *a big pig*. Il prend son élan :

– A-llo, hisse !

Mme Weiβ fronce les sourcils et fait remarquer au petit futé d'Aloïs que, dans ce cours, on apprend à parler anglais, on ne parle pas étranger !

La truie leur est plus sympathique, elle leur fait penser à du jambon, à des tranches de porc, alors ils s'appliquent, pareil pour *si:t, ti:, pi:s,* imaginez que vous vous asseyez pour prendre du thé et un beau morceau de gâteau, vous voyez, *sit, tea, a big piece of cake, a big piece, piis,* oui. On entend au milieu des rangs *piss, a big piss*. Mme Weiβ fait comme si elle n'avait rien entendu, *a big piss*.... NON ! hurle-t-elle, c'est primordial de faire la distinction entre les deux *i* en anglais, un court, *i* et un long, *i:*, je l'ai déjà dit, continue-t-elle, s'ensuit une démonstration en bonne et due forme, elle esquisse un sourire, ses lèvres s'allongent *i:, i:,* la sonnerie retentit. Comme ce matin, elle jette un coup d'œil dubitatif à sa montre, l'horloge est-elle déréglée ? Non, c'est bien l'heure.

– C'est terminé !

Et, depuis son bureau, elle rappelle les devoirs à faire pour le cours suivant : relire la première leçon plusieurs fois à haute voix, autant de fois que c'est nécessaire, jusqu'à ce que les mots leur brûlent les lèvres, dit-elle.

Tous les jours, entre midi et midi trente, une camionnette de la poste pénètre dans la cour puis se gare ; le chauffeur en sort et se dirige promptement vers l'entrée de service. Voici le courrier ! Ce sont les internes, qui, agglutinés aux fenêtres, ont poussé de tels cris qu'ils résonnent dans la salle d'étude, se propagent jusqu'aux toilettes, reviennent vers la table de ping-pong : on jette les raquettes, on abandonne les pièces d'échecs, on interrompt les parties de cartes, on remet à plus tard les transactions au Monopoly.

À peine l'homme a-t-il franchi le portail qu'une horde de bénévoles se rue sur place, afin que le bon courrier soit porté dans la salle des surveillants, en charge de l'acheminement des lettres ; il repousse les gamins en les exhortant à s'éloigner et laisser les portes ouvertes, il n'a plus qu'une douzaine de paquets à distribuer dans les mains tendues, les plus habiles en reçoivent deux à livrer dans le bureau. Et là, le facteur dit bonjour, Monsieur le surveillant ! Chacun essaie de lire le nom des destinataires, des noms sont échangés à voix basse, impossible de les lire tous. Attendez ! Il y en a encore à aller chercher dans ma camionnette ! crie le facteur. Un seul petit porteur est autorisé à rester pour lire les noms au surveillant, qui à son tour appelle le destinataire ; ce dernier doit apposer sa signature dans un grand registre pour en accuser réception.

Tout va bien pour celui qui vient d'emporter son colis, les camarades attendent dans le couloir devant la porte mais à leur question, la réponse habituelle tombe : non, y'en a pas pour toi, ni pour toi… ni pour toi. Le petit garçon est au nombre de ceux-là. Depuis qu'il a envoyé son linge sale dans un carton à margarine provenant de la remise où sont entreposés les bagages, il attend. Il attend qu'on lui envoie ses chaussures de sport qu'il a réclamées à son père. Ce dernier a oublié de les mettre dans ses affaires. Il n'a toujours pas de colis aujourd'hui.

Joseph Klammer entre dans le bureau des surveillants sans y avoir été convié et l'éducateur le renvoie à la porte, il n'a pas appelé son nom, donc il doit attendre patiemment, on lui donnera des nouvelles en temps voulu, il n'y a pas de saucisses spéciales pour lui, ouste, dehors ! Mais personne ne lui donne de nouvelles en temps voulu et pas plus au cours du déjeuner : tandis que, avec une discipline de fer, le nom des heureux destinataires est lu, il tâche d'entendre le sien, en vain.

D'autres n'ont pas besoin de dresser les oreilles, ils savent déjà ce qui est arrivé pour eux ; le petit garçon a découvert que parmi ceux-là, se trouve un certain Siggi Sprunneberg, le gosse à la serviette de table propre, à côté de son étui à couvert. Tous les samedis, il se met en route pour chez lui, à Schwindegg, d'où il revient le dimanche soir avec des provisions qui lui durent jusqu'au mercredi, lorsqu'un paquet de bouffe lui est expédié. Il va le chercher avec ses potes, Berti Lundler, son partenaire au ping-pong, et Heini Krups, son garde du corps qui tabasse ceux qui traitent Sprunneberg de gros lard et lui pincent les fesses par-dessus lesquelles sa culotte de cuir menace de se déchirer, et quand il se penche, les baleines du col de sa chemise vont finir par se casser.

Les trois lascars se dirigent vers leur casier avec leur paquet chacun dans les bras, oh, là, là, que c'est lourd ! Berti sort son canif de sa poche, tous les trois tombent à genoux pour enlever ficelles et papier d'emballage et le petit garçon observe que, quand il soulève le couvercle de son colis, Sprunneberg ne fait pas comme les autres qui vont chercher le leur en catimini, cachent leur nourriture sous le linge sale, déclarent qu'ils n'ont reçu que des choses sans intérêt, des gants de toilette, des caleçons, alors que Sprunneberg, lui, montre à tout le monde ce qu'il a reçu, des boîtes de *corned beef*, un saucisson de pâté de foie, des tranches d'ananas en conserve, du lait condensé *Libby's*, des plaquettes de chocolat *Cadbury*, des bonbons aux plantes, du chewing gum, il en distribue à Lundler et à Krups, une bonne quantité chacun, ainsi qu'à quelques curieux... le petit garçon tend la main, lui aussi, il a un bonbon, mais Heini Krups devient nerveux, Siggi arrête la distribution *illico* et tout le monde se disperse.

Avant d'entrer dans le réfectoire, demi-pensionnaires et internes s'élancent vers les casiers pour s'emparer en toute hâte de leur couvert, leur serviette, clac, clac, clac, les serrures s'ouvrent et se referment, au pas de course, ils s'y rendent, arrête de pousser, idiot ! Le surveillant Ketzer dirige les opérations à la porte, les laisse entrer par deux : du calme, le troupeau ! Fermez-là, bande d'affamés ! Du calme ! Il se penche à gauche, à droite, puis donne le passage à ses collègues. Le haut-parleur crache des parasites. Silence ! Tous se tournent vers le crucifix accroché au mur du fond : *Benicite*, Seigneur, bénissez ce repas, ceux qui l'ont préparé et procurez du pain à ceux qui n'en ont pas...

Pendant la prière, le surveillant Ketzer se promène dans les rangs en secouant son trousseau de clés, cling, cling, cling, on se signe plusieurs fois, on dit *Amen* à l'unisson, des centaines de pieds de chaises sont tirées, les jeunes s'assoient, seuls les nouveaux restent debout, indécis, ne sachant où se mettre, on leur indique des places au milieu des autres qui font grise mine : putain, un de plus à notre table !

Parmi les élèves des grandes classes, il y a Erich Priemer, dont le père est ingénieur à Kaboul, qui se prend à rêver tout haut devant ses pairs d'un internat idéal où il serait merveilleux de vivre sans personne pour le réprimander, plus de surveillants, plus de regards désapprobateurs, plus d'ordres, on se lève quand on veut, on n'est pas obligé d'obéir tout le temps et de courber l'échine, las, ce ne sont que folles chimères…

Les filles de cuisine ont commencé à pousser les chariots emplis de plats entre les tables, et à décharger les soupières, encore de la merde à bouffer, quelle odeur pas possible ! s'exclame l'un des aînés ; on doit manger en silence, mais le bruit des cuillères et des assiettes est infernal, les surveillants, assis à la table qui leur est réservée, s'énervent ; von Grielmann se lève, s'approche du micro et le haut-parleur hurle : toute la troupe, debout ! Cent cinquante jeunes s'emploient alors à intensifier le tintamarre en poussant leur chaise, on attend le silence. Silence ! On n'entend plus que le grincement des courroies du passe-plat qui remonte les mets depuis les fourneaux jusqu'au réfectoire, le clapet s'ouvre ; de la cuisine, la voix de Liesel leur parvient : du bœuf, j'adore ça ! Le silence est revenu, internes et demi-pensionnaires sont autorisés à se rassoir pour manger la soupe tiédasse avant d'attaquer le plat de résistance : au choix, viande bouillie de bœuf, chou rouge et topinambours ou tripes et navets, en fin de semaine, pot au feu ou bœuf aux carottes. Les élèves les plus âgés sont les derniers à se servir ; à une table, l'un d'eux marmonne : ça, c'est de la nourriture pour les chiens, il essaie ainsi de dissuader ses commensaux de se servir une trop grosse quantité, afin qu'il lui reste un bon morceau. Les gamins lui lancent des regards hargneux sans prêter la moindre attention à ses propos.

Les surveillants s'ingénient à faire respecter la politesse aux tables mais des insanités volent à l'encontre des serveuses, Sensi et Walpurga, arrivées à la troisième rangée ; von Grielmann n'a pas bien entendu, il pose des questions, personne ne se dénonce, toute une table est punie, pas de sauce ni de légumes de rab, le plus âgé veillera à ce que cela ne se reproduise plus, entendu ?

M. Wiggler, le directeur, fait son entrée dans le réfectoire, se dirige vers le micro ; à peine a-t-il ouvert la bouche qu'un millier de parasites s'échappent du haut-parleur, il doit tourner le bouton du micro, reculer d'un pas, enfin sa voix devient audible : nous ne sommes pas encore au temps du carnaval, que je sache, jeunes gens, je pense que dans les toilettes, vous avez confondu les rouleaux de papier hygiénique avec des serpentins, alors vous allez les ré enrouler, à moins que vous ne vouliez vous essuyer le derrière avec du carton. Il s'éloigne du micro et laisse au surveillant d'astreinte le soin de continuer. Le micro grésille avant de lâcher la suite : pour la distribution du courrier, il n'y a plus de temps, il faudra patienter jusqu' à l'heure du goûter. Il grésille à nouveau, s'arrête et reprend : il faut entasser les assiettes, les remettre sur les chariots puis nettoyer vos places. Les filles de salle leur distribuent des lavettes pour essuyer les tables, ils essuient, se lèvent et prient : que le seigneur Jésus Christ soit remercié d'avoir été présent, *amen*.

Aussitôt, internes et demi-pensionnaires se précipitent dans la même direction, bientôt une foule dense s'achemine tant bien que mal vers les bassines en zinc d'eau chaude et fumante, disposées sur un banc à côté d'un torchon. Les mains immergées dans l'eau, les garçons tentent de laver leur couvert de concert, et s'il y en a un qui laisse tomber son couteau, il doit attendre que ses camarades aient fini avant de se retrousser les manches et plonger les avant-bras dans le bouillon gras et sombre pour le repêcher. Le malheureux n'a d'ailleurs plus aucune chance de rincer ses couverts à l'eau claire, il n'a plus qu'à les essuyer avec l'une des lavettes qui a servi à nettoyer les tables.

Après le déjeuner, une sieste de trois quarts d'heure est de rigueur. Il faut ôter son pantalon, le plier correctement sur sa chaise et se mettre en pyjama. Il est interdit de chuchoter d'un lit à l'autre, les surveillants y veillent, mais ils ne peuvent pas s'occuper de tout, c'est pourquoi les portes restent grandes ouvertes. Martin Steffen, lui, a l'autorisation de commencer à étudier juste après le déjeuner, il fait partie des privilégiés ; les surveillants se glissent en silence parmi les rangs, seuls Vatzka avec ses gros godillots et von Grielmann, dont les semelles de cuir couinent sur le parquet, n'arrivent pas à rester discrets, on les entend avancer et on a le temps de faire disparaître son petit illustré sous l'édredon. Lorsque le surveillant Schlütter surprend l'un d'eux en train de le lire, il lui demande de se lever avant de lui administrer une taloche. Certains s'en sortent avec la copie des verbes irréguliers en anglais. Si c'est le surveillant Ganbischler qui est de garde, la règle n'est plus la même, on franchit un seuil : d'abord, il se gratte le menton avant d'enchaîner sur un ton comminatoire : debout, avorton, au coin et face au mur. Tu bouges plus. Entretemps, des internes, plus tendus que jamais, commencent à faire une série de grimaces monstrueuses sous la houlette du Munichois Joseph, surnommé Sepp, Klammer, qui s'est empiffré de tripes au déjeuner, de quoi dégoûter tout le monde. Il s'évertue à exécuter les pitreries les plus désopilantes qui soient et parler en bavarois : *I dat moana... dös schaut gring her.* Le petit garçon a déjà entendu ces expressions : *ich würde meinen... das sieht nach nichts aus*[36].

Il lui arrive de suivre mais très vite, il se sent dépassé, alors que les potes se marrent ; des éclats de rires résonnent çà et là dans le dortoir, des oreillers valsent, qu'est-ce que c'est que ce bordel ? entend-t-on hurler après que des portes sont claquées. Ganbischler est débordé, il appelle son condisciple Johann Raserer. Ce dernier ne répond pas, il doit se trouver avec ses pairs de terminale dans une salle à part. Il va y frapper à la porte : y'en a un qui est au piquet, y'en a qui font le bordel ! Démerde-toi ! lui est-il balancé.

Le petit garçon, traité de mouflet, mioche, loupiot ou demi-portion selon l'humeur des surveillants au cours de la journée, ne bronche pas, allongé sous sa couette verte. Ça serait bien de lire *Les petits débrouillards*[37], mais c'est trop risqué, son lit est près de la porte et dans le champ de vision des surveillants. Parler à voix basse, c'est hors de question, et d'ailleurs, à qui s'adresser ? Son unique voisin de lit, c'est Fritz Mausbuchner ; dès qu'il se

---

[36] Traduction : je veux dire... ça ne ressemble à rien.

[37] Titre original : *Die Rasselbande*, dans les années cinquante-soixante, bande dessinée qui raconte les aventures d'une bande de jeunes qui font les pires bêtises.

couche celui-là, il s'endort bouche ouverte et se met à ronfler. Il a ôté ses chaussettes et les a suspendues sur le dossier de sa chaise, elles puent la betterave.

Le mouflet est allongé sur le dos et observe sa couette, il se frotte le ventre qui gargouille. À cause de la soupe aux patates ? ou du chou rouge ? Du rez-de-chaussée, lui parvient le son étouffé de deux pianos sur lesquels on joue le même air : daa-daa-damdamdam, daa-daa-damdamdam. Les pianos se trouvent dans deux petites salles d'étude réservées à ceux des grands élèves dont les parents peuvent se permettre de leur payer des cours particuliers. Un professeur vient de la ville exprès les lundi, mercredi et vendredi. Sprunneberg fait partie de ces privilégiés : pendant le repas du midi, il a chantonné l'intégrale de *Flohwalzer*[38], qu'il a apprise par cœur, faisant en sorte que Richard Kritz, le frère de Horst, ne soit pas dans les parages, y'a des trucs qu'il pourrait pas comprendre, il a expliqué les quatre mouvements en utilisant ses mains, comme si elles étaient sur le clavier, vous voyez, quand on passe la main gauche de l'autre côté, c'est beaucoup trop subtil pour ce morveux !

Au plafond, au-dessus du lit du petit garçon, est suspendu un globe en verre opalin, dont la lumière tamisée attire une nuée de mouches. Elles volent en escadrilles, se posent les unes à côté des autres sur le globe, une douzaine de points noirs s'envolent en bourdonnant puis viennent se reposer au même endroit. Ils se suivent comme les chasseurs monoplaces de la

---

[38] *Flohwalzer* : La valse des puces, un morceau de piano rythmé, très connu, assez facile à jouer.

deuxième flotte aérienne au-dessus de Wyk auf Föhr[39], combien de fois Tante Christelle et Tante Susi lui en avaient parlé ! des points sombres dans le ciel, qu'il ne faut surtout pas perdre des yeux, avec des bruits de moteurs qui enflent là-haut, il y en a un qui descend brusquement, vole en rase-mottes et martèle des tac-tac-tac-tac-tac-tac-tac, tac-tac-tac-tac-tac-tac-tac infernaux, et au dernier moment, remonte à la verticale, les tommies eux aussi s'entraînent à la guerre aérienne dans leur *spitfires*. Quand Muschi, le chat tigré de Susi à Hambourg, entendait le vrombissement d'un chasseur et le début d'une pétarade, ou bien quand quelque chose sur la table de la cuisine tombait par terre d'un bruit sourd, il fonçait se cacher sous le buffet en acajou, où il restait tapi pendant des heures. Une paroi du meuble était encore hérissée d'éclats de verre qui s'y étaient incrustés le 25 juillet 1943, lors du bombardement d'Eimsbüttel, lui avaient dit Tante Christelle et Tante Susi.

À 2 h moins le quart, coup de sonnette, Fritz Mausbuchner se réveille en sursaut et s'ébroue comme un cabri, il se croit au beau milieu d'une partie de cartes et réclame son as de carreau. Les surveillants se promènent dans les rangs en s'écriant : sortez de vos puciers, secouez-vous les puces ! Il faut s'habiller rapidement, tirer les draps et remettre en forme l'édredon, comme on fait son lit, on se couche, rabâchent-ils.

---

[39] Wyk auf Föhr : commune d'Allemagne dans le Land de Schleswig Holstein et l'arrondissement de Frise du Nord.

Le surveillant Eugen Fleischinger[40], surnommé Boucher, vient d'entrer dans la salle de permanence où sont rassemblés des internes, certains seuls dans leur coin, d'autres en petits groupes. Il fait claquer ses doigts pour les envoyer s'assoir à leur place en silence. « Écoutez, les jeunes ! » Il énonce les règles à suivre pendant les deux heures d'étude : silence total ! Il ne veut pas entendre une mouche voler, même pas le frottement de leur culotte de cuir sur les chaises, ni l'abattant des pupitres, ils doivent sortir tous les livres dont ils ont besoin immédiatement, pareil pour les cahiers et l'ardoise, tout laisser au-dessus du pupitre. S'ils doivent se débarrasser d'une feuille de brouillon, ils iront la jeter à la corbeille, près de l'estrade. Il est interdit de chuchoter avec son voisin, et même de remuer les lèvres, sinon, c'est la punition. Ils n'ont pas intérêt à faire autre chose que leurs devoirs, à mâcher du chewing-gum, à sucer des bonbons, toutes ces choses sont défendues.

Ils ont le droit de se lever et sortir au bout d'une heure, pour se rendre aux toilettes, et seulement si ça presse, un à la fois. Mais interdit de s'absenter au-delà de cinq minutes, d'ailleurs ils n'ont qu'à prendre leurs précautions avant. C'est clair ? Alors, allez-y ! Au travail ! Il arpente la salle de permanence, lorsqu'il arrive au fond, il a une vue d'ensemble sur les trente-six pupitres doubles, il revient vers le milieu de la salle,

---

[40] Fleisch signifie viande en allemand.

atteint l'estrade et, pour changer, emprunte l'allée gauche, puis la droite. Les cinquièmes connaissent déjà son parcours et le règlement, ils ont déjà sorti leurs affaires de leur cartable, livres et cahiers sont sur les pupitres.

Le petit garçon s'est trouvé du papier à recouvrir les livres dans la corbeille. Il l'a défroissé en l'aplatissant de ses deux mains, il se saisit de ses ciseaux et découpe un morceau assez grand pour.... On ne bouge plus ! siffle une voix juste derrière lui, et aussitôt une main lui saisit l'oreille, ce qui l'oblige à se lever.

– Qu'est-ce qu'il fabrique, le mioche? Il comprend pas l'allemand ? L'heure d'étude, c'est pas l'heure du bricolage, pour ça, y'a des heures de liberté, il faudrait qu'il s'en souvienne, que ça lui plaise ou non. Son oreille est pincée, relâchée, des petits coups de poing sont frappés dans son dos. Le mioche a le droit de se rassoir ; il range papier et ciseaux et s'attaque au roi Gorm Grymme, il relit le début de l'histoire. Le roi Gorm règne sur le Danemark / Il règne pendant trente ans / Sa volonté est ferme, sa main est robuste..., en se tenant l'oreille qui lui chauffe, lisant ligne à la ligne lentement pour bien tout retenir, sans remuer les lèvres.

Pendant un bon moment, on n'entend plus que le bruissement des pages qui se tournent, le grincement des plumes de stylos qui écrivent sur les feuilles de cahier, le crissement des crayons qui dessinent des croquis, le crépitement des taille-crayons qui affutent les mines émoussées. Mais si la mine se casse net, on est coincé, on regarde à la dérobée le surveillant qui, las de ses allées et venues sur le plancher, s'est résigné à s'assoir à son bureau et se plonger dans la lecture d'une revue scientifique ; on peut alors s'aventurer à sortir son canif et l'utiliser comme tournevis, se faire un petit trou dans la paume de la main et laisser tomber des gouttes de sang sur son buvard blanc, à l'endroit où a été dessiné un cœur transpercé d'une flèche. Lorsque le cœur est imbibé de sang, on peut le décalquer sur une feuille de papier, le passer à son voisin, qui le passe à son voisin, et le cœur se reproduit en plusieurs exemplaires. Au-dessus, on dessine des nuages, un beau ciel bleu et dans un coin, un soleil jaune avec ses rayons étincelants.

Les agissements multiples dans la salle d'étude sont bientôt interrompus par les hurlements du surveillant qui, tout à coup, semble se rappeler qu'il est là pour une raison bien précise :

– Dis donc ! Où est-ce que tu te crois ? s'écrie-t-il en direction d'un élève. J'ai pourtant dit de se tenir tranquille ! Le surveillant fonce droit sur lui. Les têtes se tournent vers la scène du crime, l'oreille droite du coupable est tirée, son épaule gauche s'abaisse.

– Comment s'appelle-t-il, lui ? M. Wolf Rauchall, c'est bien ça ? Debout, tout de suite !

Le surveillant remarque tous les instruments exposés sur le pupitre, le stylo argenté à quatre couleurs, les plumes, le compas, les ciseaux, la pince, la petite boîte à outils, il lui demande si tout est rangé en ordre de bataille, Rauchall répond en grognant, personne ne comprend ce qu'il dit, sa réponse déplaît au surveillant. Il lui ordonne de se lever : prends un livre et va te poster face au mur sous le crucifix et l'horloge électrique, pour apprendre à te tenir droit.

L'incident avec Rauchall a un effet dissuasif, les élèves s'appliquent à souligner d'un double trait de couleur les titres dans leurs cahiers, à rajouter une virgule ici, un point, là. Mais ils oublient vite Rauchall. Le costaud d'Anton Seckmüller, en particulier, voisin de pupitre du mioche. Il y a belle lurette qu'il sait comment communiquer avec ses camarades. Il l'a appris l'année dernière. Il leur envoie des messages avec force grimaces et langage gestuel. Le mioche regarde mais ne suit pas, il voit juste qu'Anton ouvre son livre de biologie à l'intérieur duquel a été glissé l'*Illustrierte Film-Kurier*[41]. Le mioche aperçoit le titre : *Trois hommes à la neige,* mais en réalité, il y en a quatre, en compagnie d'une femme. Sur un fond de neige immaculée est estampillé : *Bavière-Cinéma – Propriétaire : Aloys Seckmüller – Rotthalmünster/NDB*[42]. Son voisin de pupitre sort son livre d'anglais, *Step by step,* le met devant lui et l'ouvre à la fin : Liste des verbes irréguliers. Il recopie d'abord les numéros, de 1 à 187, l'un en dessous de l'autre ; du coup, le mioche s'attaque à l'anglais et révise la première leçon en silence. Quand pourra-t-il lire les mots à voix haute, comme sa prof, Mme Weiβ, l'a exigé ? Il laisse de côté les *ki:z* et les *fish* et les autres exemples, il feuillette les pages suivantes. Dans la leçon 2 il y a un gros cochon allongé sur le dos, à côté d'autres animaux à l'air effaré. A dead pig. C'est un cochon mort. À la page 13, une souris est confrontée à un dilemme : ou bien elle choisit de grignoter un sac sur lequel est écrit « poison » ou bien elle choisit de grignoter un morceau de gruyère. *Bad food* or *good food.* Dans la leçon 6 on apprend qu'elle a choisi la mauvaise nourriture au lieu de la bonne, on la retrouve gisant dans son sang. Le livre d'anglais a 45 leçons. Dans la dernière, un jeune garçon se trouve enfermé dans une cage avec un ours à l'intérieur, il secoue les barreaux en criant : «Help!» Au secours !

---

[41] Revue périodique des plus influentes, consacrée au cinéma, qui paraît de 1919 à 1945.
[42] NDB pour NiederBayern : Basse-Bavière.

Le mioche ferme son livre et le rouvre le plus vite possible comme une voix murmure derrière lui : « qu'est-ce que tu fiches ? Tu peux m'aider ? » Il vient de tomber sur un interne en train d'étudier une carte de l'Allemagne et qui, visiblement, n'y comprend rien en géographie. Le surveillant de garde interpelle le bavard et lui fait recopier un chapitre de son livre, comme punition. Puis il continue de se faufiler entre les pupitres. Il surprend un des élèves gravant ses initiales avec son stylo dans sa gomme, il ne réussit pas à la cacher à temps, il a beau faire comme s'il écrivait dans son cahier, il est envoyé sous le crucifix pour purger sa peine à côté de Rauchall et d'un autre qui a eu l'audace de laisser tomber un livre par terre avec un bruit d'enfer.

Une heure s'est écoulée, les mains se lèvent pour réclamer une sortie pipi, on ne fait pas claquer les doigts, c'est interdit, on doit attendre que le surveillant sorte de la poche de sa veste son polar avec la couverture vert bronze et quand il le soulève devant tout le monde, on doit être capable de déchiffrer le titre imprimé en gras au milieu ***08/15*** et le sous-titre : *Les étranges aventures de guerre de l'adjudant Asch.* Après un hochement de tête du surveillant, on a la permission de venir le lui murmurer à l'oreille avant de sortir. Mais attention, s'il y en a deux qui se lèvent en même temps, ils doivent retenter leur chance, attendre la prochaine occasion. Celui qui ne tombe pas sous l'œil du surveillant est dans la mouise, il lui faut poireauter jusqu'à ce qu'un autre soit revenu, pour attirer l'attention sur lui. Et celui qui ne demande rien du tout, eh bien, il a le loisir de regarder par les fenêtres, apercevoir un morceau de ciel ensoleillé, et au loin, un talus planté de buissons au-delà duquel grimpe un chemin abrupt.

La fin de l'étude s'annonce par de multiples clameurs, soupirs et cliquetis de cadenas qui se ferment, livres et cahiers sont rangés dans les cartables, même chose pour les crayons, stylos, règles ; les chaises sont retournées sur les pupitres. Certains distraits soulèvent en cachette l'abattant de leur pupitre pour glisser quelque-chose à l'intérieur, ici et là, on se risque à chuchoter, on sort, on vérifie que personne n'est resté assis à son pupitre, ça arrive aux petits nouveaux, parfois.

À la recherche d'un terrain

Chez le petit garçon naissait peu à peu un sentiment douloureux de frustration, de solitude, cernée de tous côtés par les ombres grises et malfaisantes des surveillants qui communiquaient entre eux à voix basse dans un affreux dialecte bavarois. Un sentiment d'insécurité, mêlé de doute et d'incertitude, lui soufflait que plus rien ne serait comme avant, lorsqu'il était à Hambourg. Il lui était difficile de se plier au rythme des journées parfaitement organisées, il n'avait personne pour l'aider, le soutenir, quand aurait-il un ami ? Peut-être devait-il apprendre à s'endurcir. Oui, et le plus tôt serait le mieux. Mais pour le moment, il se soumettait et suivait le mouvement des troupes. La horde, la meute, le troupeau, la clique, le tas, tels étaient les termes qu'il entendait. Ils résonnaient dans sa tête.

À l'heure du goûter, il y avait deux tranches de pain et de la confiture de fraises. Elle traversait les tartines et formait des taches rouges et gluantes des deux côtés, ça rendait les doigts tout collants. À la table du petit garçon, l'élève le plus âgé tendit la main pour qu'on lui passe le pot d'une boisson tiédasse, plus vite que ça, nom de Dieu, grogna-t-il après s'être mouché bruyamment. Ce qu'il y avait dans le pot, mystère, ça sentait des herbes, du foin ? Le pot de café circulait des uns aux autres, le petit garçon se servit du thé jaunasse, sans saveur, ça ne lui faisait pas envie du tout, il en but quelques gorgées quand même. Il n'était pas habitué. Au petit-déjeuner et au goûter chez Tante Christelle et Tante Susi, il buvait du thé noir avec quelques gouttes de lait condensé et deux cuillérées à café de sucre.

Un surveillant alla se planter devant le micro, le tapota, crac crac crac, le haut-parleur grésilla puis lâcha :

– Écoutez-moi encore une fois !

Les jeunes apprirent qu'ils allaient passer l'après-midi sur le terrain de sport, ils devaient se mettre en tenue et chausser leurs baskets. Lorsque retentit la sonnerie dans le couloir, ils sortirent et se rassemblèrent dans la cour. Le chemin qui conduit au terrain traverse le potager dans lequel il y a une plate-bande de fraises, observa-t-il. La voix s'arrêta un instant et reprit : celui qui ose s'approcher des fraises pour en cueillir une peut s'attendre à une punition sévère. Et la même chose valait pour les pommiers à la clôture du terrain de foot : tenez-vous à l'écart. Cueillir des pommes vertes, c'est défendu, ramasser des pommes tombées, c'est défendu, c'est comme si vous les voliez. Il faut attendre que les fruits mûrissent.

Les plus jeunes furent conduits en formation sur deux rangs, sauf Ölinger, toujours en pantoufles. Il fut renvoyé. Ils atteignirent un terrain bordé d'arbres, dont une partie ressemblait effectivement à un terrain de football, où presque tous voulurent jouer. À sa grande surprise, le petit garçon fut choisi comme gardien, bien qu'il ne portât point de chaussures de sport – il en voulut à son père d'avoir oublié de les mettre dans sa valise –, il eut beau s'échiner, il ne défendit rien du tout et fut expulsé après que l'équipe adverse eut marqué un but. Traité de tous les noms, il décampa sans demander son reste. Il s'approcha de garçons qui jouaient au volant, mais voyant qu'il y avait déjà une file d'attente pour y participer, il renonça. Quelques élèves jouaient aux cartes, assis dans l'herbe, d'autres jouaient au *medecine ball*[43].

Le petit garçon gagna une autre partie du terrain, vers la clôture, et en chemin, buta sur une pomme verte, tachée de brun. *S'il elle commence à pourrir, autant la manger*. Il se pencha pour la ramasser et commença à la grignoter. Soudain, frayeur, il s'aperçut que le surveillant Vatzka l'avait vu, *corpus delicti* dans la main. La gaillard s'élança vers lui et lui arracha la pomme. Il ne se souvient plus que c'est interdit ? Il ne sait donc pas qu'un fruit qui commence à se gâter peut très bien servir à confectionner de la *Grütze*[44] ? Il lui administra une gifle d'une telle violence que le petit garçon tomba par terre. Il avait des mains comme des pelles, ce salopard, le mouflet se frotta la joue du revers d'une main et se mordit la lèvre inférieure de rage tandis que Vatzka le regardait d'un air entendu, c'est moi qui commande ici, avant de reprendre sa ronde. La chance était de son côté cet après-midi : il surprit un élève perché en haut d'un arbre, les jumelles collées sur ses yeux pour mieux observer le paysage alentour : des vaches et des chevaux broutaient l'herbe dans une prairie. Bien sûr, depuis son poste

[43] Ballon lesté d'un poids variant de 1 à 10 kg, d'une taille proportionnelle à son poids. Dans une partie, le ballon est posé entre deux buts. Un joueur de chaque équipe essaie d'aller la ramasser en même temps en courant le plus vite possible afin de la lancer dans le but de l'équipe adverse.

[44] Dessert à base de fruits.

d'observation, il pouvait apercevoir sur la gauche les tracteurs avec leur charrette de foin sur la route nationale, et les voitures au ralenti, derrière. Une ambulance surgit, alluma sa lumière bleue, fit retentir sa sirène et doubla le convoi. Vatzka vit rouge. Pour qui se prend-il, celui-là ? Pour Tarzan ? Il somma le coupable de descendre de sa branche, lui confisqua aussitôt ses jumelles et lui flanqua une bonne taloche.

Boucher émit deux coups de sifflet stridents qui annonçaient la fin de la séance en plein air. Les groupes qui s'étaient formés repartirent ensemble, l'équipe de foot commentait les passes, celle du volant argumentait sur l'art de placer la raquette comme il faut, les joueurs de cartes comptaient les batailles de gagnées et les lecteurs de bandes dessinées mimaient les actions de leurs héros préférés, Akim[45] en compagnie de ses fidèles guenons, Zig et Ming, Sigurd[46], Tarzan, le Prince de fer. Gerd Metzen le rondouillard tentait d'imiter la démarche déhanchée d'un cowboy du Texas, avec comme pistolet un cahier enroulé dans une main. Pas loin de lui, trois rigolos se mirent à chanter des airs de rock, mèches de cheveux sur les yeux, grattant une guitare imaginaire, comme s'ils étaient devant un micro, *bi-ba-ba-luna, kiss me my baby, bi-ba-ba-luna,*. Même le petit garçon applaudit au spectacle. Le gros Metzen monta sur ses grands chevaux, il n'aimait pas qu'on lui fasse de l'ombre.

---

[45] Bande dessinée italienne, dont la première publication parut en 1950. L'histoire du héros, Akim, alias Jim Rank, est semblable à celle de Tarzan.

[46] Héros légendaire d'une saga islandaise fondée sur la culture folklorique scandinave qui a inspiré Richard Wagner, William Morris ainsi que J.J.R. Tolkien.

Gilbert Ölinger avait toutes les peines du monde à avancer ; les plus âgés avaient remarqué qu'il était du genre lambin, ils lui faisaient constamment des croche-pieds, le pauvre tombait par terre, se remettait debout en grinchant, le manège continuait, il serait le parfait souffre-douleur. Il allait écrire à sa maman, lui raconter ses malheurs et se plaindre au directeur…

Fin de semaine au pensionnat

Le samedi, après le déjeuner, ce fut l'effervescence générale dans les couloirs. Les internes grimpaient jusqu'à l'entrepôt où étaient remisées les valises, descendaient les escaliers jusqu'à la cave où ils se chaussaient puis ils remontaient. Ceux qui habitaient dans le même coin commentaient déjà leur voyage. Moi, je vais à Eggenfelden. Et pour Munich, on change à Mühldorf ou bien on descend à Neumarkt St-Viet ? D'autres attendaient que leur père se pointe en voiture. Le petit garçon aimerait bien se rendre à Neumarkt, pourquoi pas, mais non, il restait au pensionnat et debout dans un équilibre instable sur la lunette des WC, regardait par la fenêtre tout ce qui se passait dans la cour. Ce n'était pas un poste d'observation très commode, mais il n'avait pas le choix, s'il se mettait sur le rebord de la fenêtre, il risquait d'être vu, les surveillants avaient l'œil pour ça, c'était interdit de s'appuyer sur le rebord de la fenêtre, trop dangereux. Il n'avait pas envie de recevoir une claque.

Des élèves impatients allaient et venaient, s'exclamaient ah, voilà mon père qui arrive. Une voiture se garait, le père en sortait, le garçon l'embrassait, ils montaient à bord, la voiture redémarrait, faisait demi-tour et s'éloignait. Une seconde voiture se présentait, un autre garçon se précipitait… Quelquefois, la maman accompagnait son mari pour prendre son enfant dans ses bras, saisir sa valise, la mettre dans le coffre et s'assoir à l'arrière avec lui. Mais il a l'air en bonne forme, le chéri ! Le père mettait le moteur en marche, démarrait, les pneus projetaient des gerbes de gravillons qui scintillaient dans le soleil, au ras du sol… Un week-end agréable commençait pour les parents et leurs fistons.

Les pensionnaires laissés en rade avaient la permission de passer leur après-midi comme bon leur semblait. Ils se dirigeaient vers la porte de sortie sans se presser, déambulaient le long des trottoirs de l'Arnstorferstraβe. Certains avaient des destinations précises : la gare routière pour prendre un bus en direction de Triftern ou Asenham, ou l'arrêt d'autocar devant la poste, qui les conduiraient vers des villages et des bourgs environnants, Aldersbach, par exemple… Ceux qui désiraient visiter Untergrasensee ou Schönau, devaient avoir économisé assez d'argent pour payer leur billet, d'autres allaient chercher leur bicyclette dans le garage à vélos et les voilà partis d'un coup de pédale. Le petit garçon n'avait ni vélo, ni argent à dépenser. Il flâna dans l'Arnstorferstraβe, s'appuya contre les murs des maisons, ramassa des marrons sur la place et les jeta dans un sentier du jardin public. Ça ne lui disait rien de se mêler aux camarades.

Au cours du dîner, les délaissés apprirent qu'ils iraient à la douche à 7 h : ils n'oublieront pas d'emporter leurs serviettes de bain, serviettes à main, peignoirs, savon, shampoing, ils iront avec tout ça dans la pièce où l'on se déshabille et attendront qu'on les appelle, hurla Klaus. À 7 h tapantes, les internes s'y précipitèrent, armés de drôles de serviettes tordues de nœuds, qu'ils faisaient tournoyer en l'air comme des sangles en émettant des cris aigus, dans le seul but d'attirer le surveillant de service ; ce dernier se ramenait en poussant une gueulante qui mettait fin aux combats. Les sixièmes couraient comme leurs aînés, ôtaient leur peignoir, se bousculaient, laisse-moi passer, j'étais avant toi, espèce d'abruti. Le petit garçon arriva le dernier et se déshabilla en dernier ; il resta planté là avec sa grande serviette sur l'épaule. Tous les portemanteaux étaient pris, il laissa ses vêtements par terre. L'air était imprégné de vapeur. Le surveillant Klaus régla la température de l'eau, ni trop chaude, ni trop froide, il faut économiser, vous avez droit à deux minutes sous la douche. Je vous ai à l'œil !

Le petit garçon se lava les cheveux avec du savon, il n'avait pas de shampoing. Les copains se brossaient le dos mutuellement, jusqu'à ce qu'il devienne rouge écrevisse. Ils étaient quinze à se laver en même temps, les pieds posés sur les carreaux dans un bouillon de mousse où flottaient des cheveux. Le plaisir de la douche se termina par un puissant jet d'eau froide que seuls les plus résistants supportaient jusqu'à ce que le vicieux de Klaus fermât le robinet, car même froide, l'eau, il faut l'économiser.

Le dimanche matin, la sonnerie du réveil retentissait un peu plus tard. Après le petit-déjeuner où étaient servis des gâteaux faits maison et du chocolat chaud, les oubliés du week-end repartaient à l'étude jusqu'à l'heure de la messe. Le surveillant Klaus était souvent de service ce jour-là ; il se pointait, s'installait à son bureau, sortait de la poche de sa veste une pipe et une blague qu'il ouvrait délicatement pour en extirper de petites quantités de tabac blond puis il commençait à bourrer le fourneau, jetant un regard à droite, à gauche, histoire de montrer que rien ne lui échappait, et il continuait à bourrer. Enfin, il craquait une allumette, l'approchait de sa pipe et se mettait à aspirer en tenant le tuyau entre ses dents jaunâtres ; il lâchait un nuage de fumée bleuâtre et odorante qui se répandait aussitôt dans la salle. Puis il fermait la bouche, tirait des bouffées régulières, le tuyau serré entre ses lèvres luisantes et pincées, aspirait en creusant les joues et rejetait la fumée par le nez.

Les pensionnaires ne savaient vraiment pas comment occuper leur temps avant d'aller à l'église, ils feuilletaient leurs livres, ouvraient leurs cahiers de brouillon, écrivaient quelques lignes, les refermaient, le surveillant ne semblait pas s'en inquiéter, il s'en fichait. Cette fois-là en tout début d'année, il les surprit avec une idée de génie.

– Maintenant, vous allez écrire une lettre à la maison. Papa et maman aimeraient bien savoir comment va leur petit, est-ce qu'il est en bonne santé et tout ça…

Il y eut un mouvement dans la salle, personne ne s'attendait à une telle remarque. Assis à son pupitre derrière le petit garçon, Manfred Steiner, un rouquin qui puait de la bouche et avec qui il s'était vu contraint d'accepter de jouer aux échecs parce qu'il n'avait pas trouvé d'autre partenaire… le Manfred en question soupira, murmura une insanité : *leck mich am Arsch*[47]! puis à voix haute : j'ai pas de papier à lettres ! D'une bourrade dans le dos, le surveillant Klaus lui rappela qu'il avait des feuilles de papier dans son cartable.

---

[47] Je t'emmerde ! (littéralement : lèche-moi le cul !).

Le petit garçon savait qu'il devait écrire une lettre, il avait remis la corvée à plus tard. D'ailleurs, pendant l'étude, c'était interdit et pendant le temps libre, il avait d'autres tâches à exécuter, aller chez le coiffeur, entre autres ; après la séance sur le terrain de sport, il avait retiré la boue de ses chaussures, les avait nettoyées à fond, avait cherché en vain ses lacets disparus et finalement en avait volé deux à un moment où personne ne le regardait. Il avait farfouillé dans son armoire, puis, quand le vacarme avait diminué, il avait lu quelques contes de l'Antiquité classique, cette curieuse histoire d'Œdipe. Une bien étrange histoire.

Il ferma son livre de biologie dans lequel se trouvait tout ce que le prof stagiaire Kirk leur avait expliqué avec enthousiasme et puisqu'il n'avait pas, lui non plus, de papier à lettres, il déchira une feuille de son cahier de math et commença : Cher papa. Mais, qu'est-ce qu'il allait pouvoir lui raconter ? Que Vatzka lui avait administré une sacrée gifle parce qu'il avait osé manger une pomme tombée ? Ouais. Que les chaussures avec lesquelles il avait joué au football étaient toutes pourries ? Pourquoi pas. Que la nourriture était infecte? Après tout…

Le surveillant Klaus allait de pupitre en pupitre, examinait les premières phrases, faisait une moue dédaigneuse, hochait la tête ou bien la secouait. Il arriva à la hauteur du petit garçon assis à l'un des pupitres au premier rang.

– Eh, bien, qu'est-ce que tu écris, toi ? Il regarda par-dessus son épaule, plissa le front, leva ses lunettes à montures d'écaille au-dessus de son nez, poursuivit le mouvement vers ses cheveux noirs crépus avant de se gratter la nuque avec l'une des branches.

– C'est rien du tout, ce que tu as écris, là. Il faut que le mioche comprenne que s'il raconte l'histoire de la gifle, de la nourriture dégueulasse et tout ça, il sera puni. Il va dire qu'il est en bonne forme, qu'il se sent bien ici, c'est ce genre de nouvelles qui plaît aux parents, il reviendra voir plus tard où il en est.

Tandis que Manfred Steiner écrivait, sous la dictée de Klaus, combien la vie était épatante au pensionnat, qu'on allait leur servir des escalopes panées aujourd'hui, avec de la salade de pommes de terre, le mioche recommençait sur une nouvelle feuille : Cher papa, les housses pour la couette sont trop petites ; il a oublié de mettre ses chaussures de sport dans sa valise, l'eau est froide, il doit se laver torse nu, quand faut-il changer de serviette et qui va s'occuper de son linge sale ? Sinon, il va bien. *Viele Grüße*[48].

Le surveillant Klaus se frotta les mains : Ah, c'est tout autre chose ! Maintenant, il doit faire attention aux fautes d'orthographe… Bien ! Mais pourquoi n'écrit-il rien sur les vacances de Toussaint ? Le petit garçon le dévisagea sans répondre. Il ajouta un P.S. à la fin de sa lettre. Est-ce qu'il pourra rentrer à la maison pour les vacances de Toussaint ?

Le surveillant Klaus lui procura une enveloppe, vérifia l'adresse du destinataire et comme le petit garçon n'avait pas de timbre, il sortit de son porte-monnaie un timbre spécial représentant une famille avec « Dix ans d'exode » écrit dessus, plus un timbre bleu, qu'il devait coller. Manfred Steiner fut chargé de ramasser les lettres. De leur acheminement, Klaus s'occuperait en personne.

---

[48] À la fin d'une lettre : Mes amitiés. Mon bon souvenir. En famille : Bons Baisers.

Peu avant dix heures, Klaus posa sa pipe à et son bouquin, *Der Frosch mit der Maske*[49], sur le bureau. C'était bientôt l'heure du départ pour Gartlberg où se déroulait la messe du dimanche ; tandis que le convoi des jeunes catholiques escortés de plusieurs surveillants se dirigeait vers l'église de style baroque, dont les deux clochers se détachaient sur un fond de ciel gris pâle, les protestants – cinq en tout avec le petit garçon – trottaient vers le temple sous la conduite de deux élèves de premières, Jürgen Lafrenz et Bernd Abtmeier. Ce dernier alluma une cigarette, bien que ce fût interdit, les grandes classes avaient suivi un cours sur les méfaits du tabac, les dégâts causés par la nicotine dans les poumons, il s'en foutait, avalait la fumée et, de sa bouche en cul de poule, la faisait ressortir en cercles bleutés qui montaient lentement, suspendus dans l'air un instant avant de disparaître.

Une étrange odeur de cire flottait à l'intérieur du temple. Un homme voûté à la mine sévère distribuait des livrets à ceux qui entraient, leur montrait où s'assoir et repartait vers la porte accueillir d'autres personnes. À peine les nouveaux venus étaient-ils installés que l'orgue retentit et les fidèles entonnèrent le Psaume 25 : *Vers toi Yahvé, j'élève mon âme, ô mon Dieu. En toi je me confie, que je n'aie point honte.* Le mioche s'abstint, on lui avait dit qu'il chantait faux, qu'il n'avait pas d'oreille, il n'avait plus

[49] Titre original du roman policier d'Edgar Wallace, littéralement : *La grenouille masquée.* Titre français : *La grenouille attaque Scotland Yard.*

jamais essayé, on en était resté là, il suivait le texte en remuant les lèvres, qui aurait remarqué qu'il ne chantait pas comme les autres !

Le pasteur Rollinger, un homme courtaud, vêtu de noir, fit un signe à l'organiste là-haut, se tourna vers l'autel puis vers ses fidèles : Chers sœurs et frères dans la foi… prions. *Le Seigneur soit avec vous et avec votre esprit, élevons notre cœur, nous le tournons vers le Seigneur, rendons grâce au Seigneur notre Dieu, cela est juste et bon.*

Juste et bon de se faire traiter de tous les noms ? pensa le petit garçon en récitant la prière mécaniquement, juste et bon de recevoir des raclées ? cela est juste et bon d'être oublié ? L'homme en noir informa les jeunes fidèles des heures de catéchisme, évoqua les pères en mission à l'étranger, les activités de la paroisse, les bonnes œuvres des dames de Pfarrkirchen, ce fut le moment de la quête, on entendit les pièces tinter dans les porte-monnaie, dans les mains, dans le panier, le petit garçon se demanda si tout le monde allait voir qu'il n'avait pas d'argent à donner, mais non, personne ne s'en soucia, le pasteur, agenouillé devant l'autel, se releva en faisant bruisser l'étoffe de son habit, se retourna à nouveau vers ses fidèles.

Jésus reprit : un homme descendait de Jérusalem à Jéricho, et il tomba au milieu de brigands qui, après l'avoir dépouillé et roué de coups, s'en allèrent, le laissant à demi-mort… Le petit garçon avait lu l'histoire du Bon Samaritain mais il se demanda s'il saurait suivre son exemple en aimant son prochain comme lui-même, les yeux moqueurs du surveillant Vatzka, sa voix cassante, sa bouche grimaçante, son attitude dédaigneuse lui font horreur, comment respecter quelqu'un qui vous traite de sale mioche, de trou du cul, de petit merdeux, un sentiment de haine le submerge, il en veut à la terre entière, Je suis méchant, oui, méchant et mauvais, je porte en moi des ondes négatives, voilà que *Yahvé dévaste la terre et la ravage, il en bouleverse la face et en disperse les habitants, il en sera du prêtre comme du peuple, du maître comme de l'esclave, de la maîtresse comme de la servante... la terre est en deuil, elle dépérit, le monde s'étiole, il dépérit, l'élite du peuple de la terre s'étiole... la malédiction a dévoré la terre, et ses habitants en subissent la peine... il ne reste que peu d'hommes.*

Le petit garçon fut tiré de son abattement apocalyptique par le prêche du pasteur et la lecture de la parabole du semeur, ça le remit de meilleure humeur, c'était sa préférée... *Entende, qui a des oreilles pour entendre !* Rollinger évoqua enfin la puissance et la beauté de la langue de Luther, la grandeur d'Érasme, ardent défenseur de la religion luthérienne, la valeur inestimable d'Ulrich Zwingli[50], et de son successeur Heinrich Bullinger ... Il n'écoutait que d'une oreille, pencha la tête et aperçut, dans la rangée des filles, une jolie blonde avec une queue de cheval, mais son visage fut bientôt soustrait à son regard par le chapeau à large bord d'une dame qui remuait sans cesse, alors il prit son livre de chants, le feuilleta, le referma et le reposa sur le banc. Le pasteur Rollinger rassembla ses papiers et quitta la chaire. Les fidèles n'étaient pas déçus, ils le félicitèrent de son prêche de qualité, à la sortie. Bernd Abtmeier attendait ses cinq marmots, quel a été le thème du sermon, demanda-t-il, comme si ça l'intéressait ! Les jeunes filles passèrent

[50] Ulrich (Huldreich) Zwingli, réformateur religieux suisse (1484-1531).

devant eux, parmi elles, il y avait la jolie petite blonde à la queue de cheval.

L'après-midi, nombreux furent ceux qui se réjouirent du temps pluvieux, la pluie, ça fait pousser l'herbe et les vaches adorent manger de l'herbe, s'exclame Richard Kritz qui entraîne dans son sillage un groupe de fils de campagnards afin qu'il puisse les épater de ses exploits agricoles, il y a quinze jours, son père, un riche fermier, l'a autorisé à conduire le tracteur, c'est interdit, dit Wolfgang Berger, je pourrai te dénoncer à mon père, il est brigadier en chef, j'en ai rien à foutre de ton brigadier de père, t'oseras rien lui dire, t'es qu'un plouc, mon père a bien plus d'influence que le tien, dis-lui donc de venir visiter son domaine, il en restera baba. C'est pas une raison pour enfreindre les lois, rétorque Berger, j'ai deux ans de plus que toi, pauvre Wolfgang, t'as pas intérêt à me chercher ; Richard Kritz le menace d'une main tendue, le pauvre Berger fait marche arrière et va s'assoir tout seul au fond de la salle d'étude. Les jeunes des campagnes sont tout ouïe, Richard leur explique qu'il accompagne son père à la chasse avec son grand copain, le garde forestier, la fois dernière, les chasseurs ont tué un cerf, il a tout vu, il a vu le sang encore chaud dégouliner sur la main de son père, quand il sera grand, il organisera des parties de chasse. T'inquiète pas, Berger, tu seras pas invité ! Le petit garçon espère ne jamais être obligé d'accompagner son père à une battue sur la lande de Tuchel.

Cours variés

M. Bernhard Kirk, le professeur de biologie et de géographie, expliqua aux élèves ce qu'il attendait d'eux, s'ils voulaient réussir leurs études.

– Attention aux contrôles qui ne sont pas prévus, ça vous tombe dessus comme la foudre du ciel, et ça foudroie les feignants, n'est-ce-pas, Kolondz, notre petit redoublant. Pour les compositions, vous êtes prévenus, bien entendu. Je pratique également les interrogations orales, quelques élèves à la suite, ça crée de l'ambiance, celui qui n'a pas appris sa leçon joue avec sa vie, enfoncez-vous ça dans le crâne.

– Bien ! Qu'est-ce que la biologie ? Mains tendues, bras levés dans la classe, fronts plissés, le prof est satisfait, oui, c'est la connaissance de tout ce qui est vivant, ce qui pousse, rampe, vole, c'est le cours sur les végétaux, les plantes et les arbres, le cours sur les animaux, les êtres humains, comment chacun fonctionne, respire, se nourrit, digère, évacue. On apprend par exemple ce que c'est que la mue, mais on va d'abord s'occuper des plantes, c'est une science qu'on appelle la botanique, pour les animaux, c'est la zoologie, bien sûr vous pensez tout de suite à un zoo, on verra ça plus tard, ensuite on viendra au summum de la création, l'homme, l'anthropologie, c'est un progrès logique, *dixit* M. le proviseur Maurer.

Revenons à nos moutons, je veux dire à nos plantes, ah, ah, ah ! Elles se différencient en deux espèces : les plantes à spores et celles à semence... ricanement à un pupitre dans une rangée, semence, bien sûr, mes petits malins, il fallait s'y attendre, vous pensez au liquide séminal, autrement dit le sperme, vous avez raison, la semence permet à la plante de se reproduire. Donc nous étudierons les champignons et les herbes, l'orge, le froment, le blé noir, l'avoine, qui, vous le savez, fournit la nourriture aux chevaux à Rottal, nous irons les voir de près, dans la nature, nous y cueillerons des renoncules, joli nom... une fois tout cela étudié, eurêka !

Il ouvrit son cartable, en extirpa des gants fins en caoutchouc blanc, les caressa soigneusement après les avoir enfilés, sortit de leur boîte des craies de couleur, une jaune, une rouge, quelqu'un au tableau pour l'effacer ! Kolondz se désigna mais annonça que le service du tableau n'avait pas encore été planifié.

– Ici, c'est pas comme ça que ça marche, le tableau sur lequel j'écris doit être impeccable, nous nous sommes bien compris, viens donc le nettoyer. Le chiffon était empli de poussière de craie, l'éponge, trop mouillée ; le tableau ruisselait de jaune et de rouge, l'eau dégoulinait partout, Kolondz tenta de stopper le débordement avec son mouchoir, ça suffit, Kolondz ! Sors dans le couloir et débrouille-toi pour me rapporter du matériel propre et sec !

Une dizaine de minutes plus tard, le professeur put enfin esquisser le contour d'une branche couverte de feuilles avec une craie verte, des bourgeons avec une craie jaune, les élèves étaient censés recopier en utilisant les mêmes couleurs, s'ils n'en avaient pas, ils devraient en acheter chez *Kambli*, en ville.

Le petit garçon regarda son emploi du temps pour savoir quel cours suivait la biologie : éducation physique avec M. Schlager. Le professeur attendait ses élèves dans la cour, une clope entre le pouce et l'index, le côté allumé tourné vers l'intérieur de la paume. Tout en contrôlant la formation des rangs par deux, il porta sa cigarette à la bouche, tira une bouffée, un morceau de tabac marron resta collé sur sa lèvre inférieure, il le fit valser d'un mouvement de tête énergique qui, du coup, lui envoya ses mèches de cheveux grisonnants sur les pavillons de ses oreilles. En route !

Ils descendirent l'Arnstoferstraβe sur quelque deux cent mètres, jusqu'à un long bâtiment aux hautes fenêtres, soudain retentit la voix tonitruante de Schlager au bout de la procession, stop ! C'était le gymnase. Il ouvrit le portail de bois clair d'un tour de clé.

– Entrez ! Changez-vous dans le vestiaire ! Et que ça saute ! Il prit la même direction, disparut dans un cagibi et s'y enferma. Ça sentait le rance et la sueur dans le vestiaire, comme dans le club de gymnastique que le mioche avait fréquenté à Hambourg, une sueur aigre qui chauffait en plein soleil et devenait irrespirable, il ne la supportait pas, il se sentait mal, il avait perdu connaissance plusieurs fois et avait dû être envoyé à l'infirmerie le reste de l'heure, mais ici, il devait résister, se déshabiller comme les autres, accrocher ses affaires au portemanteau, mettre son haut de survêtement rouge et son short et puis prévenir le prof qu'il n'avait pas ses chaussures de sport, maintenant ou plus tard, en tout cas, ne pas le déranger, attendre de voir ce qu'il dirait, il pouvait faire comme ça, peut-être que le prof ne remarquerait rien.

Lorsque M. Schlager sortit de son cagibi, une nouvelle clope à la bouche, les papotages cessèrent dans la seconde : tout le monde est prêt, parfait, vous allez d'abord vous échauffer en sautant à cloche-pied, quand je tape une fois dans les mains, jambe droite, quand je tape deux fois, jambe gauche et ainsi de suite, il est primordial de suivre le rythme, c'est parti ! Quarante gamins environ s'exécutèrent, clac, droite, clac, clac, gauche, clac, droite, clac, clac gauche, en s'efforçant de garder l'équilibre ; Gilbert Ölinger s'arrêta presque aussitôt pour reprendre son souffle, on continue, allez, pas de répit, on reprend clac, clac clac, clac, clac clac !
Stop ! Schlager ôta la clope de sa bouche et pointa son index sur Peter Buchner, toi, là-bas, tu crois que je t'ai pas vu, t'as triché, t'as sauté avec les deux en même temps, recommence, on va te regarder : clac, clac clac, clac, clac clac, clac… C'est bon ! Le petit garçon respira de soulagement, à tort, Schlager l'avait en ligne de mire : tiens, tiens qu'est-ce qu'il a aux pieds celui-ci ? Enlève-moi ces chaussures tout de suite ! Tu feras la suite des exercices pieds nus, le mioche défit ses lacets, le prof se ravisa, lui ordonna de le suivre dans le cagibi où il lui dénicha une paire de chaussures de sport dépareillées qu'il lui tendit.

À présent, vous allez vous accroupir, attraper vos chevilles avec vos mains et avancer, Kolondz, tu connais l'exercice, montre-leur donc comment il faut faire. Kolondz obéit, ravi qu'on ait fait appel à lui. Certains ne réussirent pas à se mouvoir dans cette position, ils tombèrent à la renverse, assis sur leur derrière, fous rires, stop ! Schlager ne faisait rien d'autre que donner des ordres à Kolondz qui expliquait les exercices aux camarades : allongez-vous sur les tapis par terre, mains croisées derrière la nuque, relevez le torse en conservant le coccyx bien à plat, puis étirements au sol, tête sur le genou droit puis sur le genou gauche, Schlager observait, fumait sa clope, rectifiait un mouvement sans bouger de sa place initiale. J'ai gardé le meilleur pour la fin, dit-il : traction à la barre fixe, excellent pour muscler le dos et les bras, les gamins trouvaient l'exercice difficile, le prof eut la bonne idée de les encourager d'une remarque ironique, t'as dû oublier que t'avais des biceps, le petit garçon saisit que cette dernière lui était adressée personnellement, il eut honte, il redoubla d'efforts. Quand toute l'équipe eut subi la torture, M. Schlager leur annonça le programme de la semaine suivante, ouste, au vestiaire, il disparut dans le cagibi et en ressortit, la clope au coin de la bouche.

Des semaines plus tard, le petit garçon entendit son nom parmi ceux qui étaient cités pendant la distribution du courrier. Le surveillant de garde lui tendit une lettre de chez lui. Il décacheta l'enveloppe, déplia la lettre tapée à la machine et se mit à lire. Le père décrivait un nouveau séjour, tout aussi réussi que le premier, sur l'île de Rab, en compagnie de Margot. Des partenaires de Kurt étaient venus de Frankfort les rejoindre pour quelques jours. Son voyage en Egypte s'était révélé fructueux, il avait signé d'importants contrats. C'est la raison pour laquelle sa lettre ne lui parvenait qu'aujourd'hui, Margot et lui se réjouissaient d'avoir de ses nouvelles, d'apprendre qu'il s'habituait bien, ils étaient contents de savoir que ce pensionnat était une bonne école, Kurt ajoutait que l'eau froide n'avait jamais nui à quiconque, ça l'endurcirait, il devait envoyer son linge sale à la maison, dans un paquet, il le recevrait une fois lavé, ce serait la meilleure solution pour le moment.

L'histoire de la housse pour la couette, c'était regrettable, hélas, il n'y en avait pas d'autres, il n'avait qu'à lui envoyer les mesures, d'ailleurs, il ne comprenait pas pourquoi son fils ne l'avait pas fait tout de suite, tu as encore beaucoup de choses à apprendre, mon garçon. En fait, s'il avait oublié ses chaussures de sport, c'était de la pure étourderie de la part du gamin, ce n'était pas au père d'y penser. Il allait les lui expédier sous peu.

En ce qui concerne un retour à la maison pour les vacances de Toussaint, ça ne vaut vraiment pas le coup, de plus, il n'y a plus assez de temps pour t'envoyer de l'argent pour le voyage, et c'est également trop tard pour t'envoyer un billet aller-retour avec une carte de réduction, non, vraiment, ce serait idiot de payer plein tarif pour si peu de jours, ajoutait son père. Kurt s'était arrangé avec le directeur, M Wiggler. L'internat restait ouvert, le problème était réglé.

Il était heureux que tout aille bien pour lui. Malgré tout, il avait quelques reproches à formuler. L'en-tête de sa lettre, par exemple, elle était bâclée, il savait qu'il ne vivait pas seul quand même, il aurait pu ajouter : chère Tante Margot, c'eût été la moindre des choses, étant donné tout ce qu'elle avait fait pour lui, il devrait trouver une phrase correcte pour lui présenter ses excuses la prochaine fois qu'il écrirait une lettre. Et justement, cette prochaine fois, il aurait tout intérêt à se donner un peu plus de mal, car dans cette lettre-ci, il ne s'était pas foulé, du point de vue intellectuel. Il avait sûrement des anecdotes à lui raconter, des résultats scolaires à lui fournir, comment se débrouillait-il ?

Mon cher enfant, cogite bien tout cela posément, sinon, je te tirerai les oreilles !
Bons baisers ! Au stylo bille était ajouté : ton père.

Le petit garçon déglutit, remit la lettre dans son enveloppe, la plia en deux, la glissa dans la poche de son pantalon et se dirigea vers les toilettes.

À la fin du déjeuner, M. Wiggler fit son apparition dans le réfectoire pour inspecter les tenues et les coupes de cheveux. Le petit garçon était en train d'attaquer le gros morceau de pâte dure qui accompagnait l'infime quantité de crème à la vanille quand le directeur s'arrêta à sa hauteur : Est-ce que c'est bon ? Le petit garçon acquiesça de la tête. Le directeur mit la main sur ses cheveux blonds et les caressa, de beaux cheveux blonds si fins qu'ils ne tenaient pas en place, il devait aller chez le coiffeur au plus vite et se les faire couper, c'était indécent, une telle coiffure. M. Wiggler poursuivit son inspection, il voulait que tout ce qui ressemblait à une coupe d'artiste, avec des cheveux dans la nuque ou des mèches qui retombaient sur les yeux fût banni. Il développa sa théorie de la coupe parfaite au micro : un garçon bien élevé, qui, de surcroît, fréquente un établissement de qualité, doit être reconnaissable à sa coupe de cheveux. Il conforta ses paroles par une démonstration sur son crâne chauve, se retourna, mit son pouce et son index sur son cou afin de montrer jusqu'où la nuque devait être rasée et comment les oreilles devaient être dégagées ; une coupe courte, avec une raie impeccable tirée au peigne sur le côté gauche. En son for intérieur, le petit garçon tempêtait contre ce bourreau de coiffeur qui allait lui couper ses mèches. Le directeur contrôlerait le résultat sous peu… Et je vous le dis pour la dernière fois, s'il y a encore une bataille de polochons ce soir, on verra ce qu'on verra.

Le vendredi, après le goûter, sortie en ville pour tous, jusqu'à six heures. Les élèves de sa classe partirent par deux ou trois ou en petits groupes. Le mioche, lui, demeura seul ; il prit le chemin de l'Arnstorferstraβe, qui lui parut bien plus court que la première fois, lorsqu'il portait sa valise d'une main et dans l'autre sa couette par la ficelle, le lien lui avait entaillé les doigts. Il traversa la Ringstraβe, qui à gauche menait vers le dispensaire et l'hôpital Saint-Joseph, et suivit une contre-allée bordée de marronniers ; il y avait plein de marrons par terre, encore dans leur coque verte, si brillants qu'on eût cru qu'ils avaient été astiqués. Le mioche en ramassa quelques-uns, sentit leur agréable fraîcheur dans le creux de ses paumes refermées puis les mit dans sa poche. Avec des allumettes pour fabriquer les pattes et la queue, en ajoutant un gland pour représenter la tête, on pouvait bricoler des trucs, des animaux, des ânes ou des chevaux, Tante Susi lui en avait fabriqués, à Hambourg.

L'Arnstorferstraβe débouchait sur une place aux pavés ronds et bombés, le mioche la connaissait, c'est là qu'était le Rottaler Hof, où ils étaient descendus, son père, Margot et lui au début du mois. Il était situé au milieu d'autres auberges et hôtels, le Plinganser, le Kirchenwirt, le Relais de la Poste, l'hôtel-restaurant Schlechta. Pas loin, il y avait un opticien qui vendait aussi des bijoux, une pharmacie, dont la vitrine était garnie de deux réclames, l'une pour de l'*Aspirine*, un remède efficace contre la grippe, illustré par la photo d'un couple sous un parapluie, par un temps de chien. Et l'autre pour *Darmol*[51], avec un bonhomme ventripotent en bonnet de nuit et savates, un foulard rouge à pois blancs noué autour du cou, un bougeoir allumé à la main droite et dans la gauche, brandissant une clé énorme, sur le point de la glisser dans la serrure de la porte des toilettes. À l'épicerie Eder, on pouvait acheter de tout. Dans la vitrine de la droguerie Öttinger – depuis 1871 – étaient disposées des pyramides d'*Ata* et de *Vim*[52]. Une attirante jeune femme en carton rigide portait un paquet de *Persil* à la main, pour le respect du linge, était-il écrit. Si quelqu'un d'aussi joli recommandait son emploi cela signifiait que la poudre à laver était de loin la meilleure. Sur les

---

[51] Laxatif.

[52] Poudres à récurer.

rayonnages à l'intérieur, on apercevait des tubes de dentifrice, des boîtes de *Nivea* bleu, des boîtes de cirage de luxe *Erdal* pour les chaussures, sur le couvercle desquelles était dessinée une grenouille rouge, une couronne sur la tête. Avec l'encaustique *Dompfaff*, c'était un plaisir de cirer le parquet. Finie la corvée. Le petit garçon n'avait rien à acheter dans ces magasins.

À côté de la boutique d'un cordonnier se trouvait un atelier de réparation de bicyclettes et mobylettes. WAGNER était écrit sur l'enseigne, en lettres ornées. On ne pouvait rien voir à l'intérieur car les vitres étaient couvertes d'affiches publicitaires : Service *Bosch*. Fournitures de *Mobil Gargoyle Huiles*. Huile de moteur *Veedol*. Batteries *Varta*. Tracteurs *Lanz-Bulldog*... Fabrication de main de maître. Au stand à vélos était attaché un énorme cheval de trait à la robe acajou, crinière couleur paille dans le vent, flancs luisants au soleil, tête baissée vers le trottoir. Deux hommes étaient en train de charger sa charrette de tonneaux de bière en provenance de la brasserie *Holsten*.

Le plus grand magasin de la place, c'était *Wimmer*. Le mioche resta devant ses longues vitrines sous les arcades à observer les pinces, marteaux, volants et raquettes de ping-pong, couteaux, casseroles de toutes tailles, chapeaux de dame, bottes cavalières.... Mais ce n'était pas cela dont il avait besoin, il se décida à entrer, dring, fit la porte, ça bourdonnait à l'intérieur ; de l'arrière-boutique apparut une femme rondouillarde en costume régional : bonjour, qu'est-ce que tu veux ? Un cadenas. Elle en avait justement, dans l'un de ces tiroirs... elle mit plusieurs modèles sur le comptoir, celui-ci, le gros, c'est de bonne qualité, dit-elle en désignant l'un d'eux. C'est parfait pour les portes d'étables et de granges. Le mioche expliqua que ce n'était pas du tout ce qu'il recherchait. D'un air grincheux, elle lui sortit un petit cadenas en fer blanc avec deux clés poinçonnées, on vendait bien ça aux internes, le mioche posa ses pfennigs sur le comptoir en utilisant ses doigts pour compter jusqu'à deux marks. Il voulait des cahiers, mais non, elle n'en vendait pas, il les trouverait à la papeterie, elle lui montra le chemin pour s'y rendre, il doit continuer tout droit, puis à l'angle de la Ringstraβe et de la Bahnhofstraβe, il verra la papeterie *Kambli.*

Il y avait foule. Trois dames d'âge mûr accueillaient les clients, la majorité, des lycéens, avec un large sourire et des « Bonjour, jeune homme », « Que désirez-vous ? » « Puis-je vous aider ? » « Que puis-je faire pour vous être agréable ? » Elles étaient sympathiques et efficaces, ces femmes, elles savaient exactement ce qu'untel ou une telle voulait, il suffisait de donner le nom du professeur principal ou celui de la matière concernée, en dessin par exemple, M. Weizner exigeait des crayons avec des mines dures, les 2B et 6B de *Faber-Castell,* elles avaient en stock les gommes correspondantes, ainsi que les boîtes de peinture à l'eau, plus un tube de blanc, les pinceaux n° 8 et 11 en vrais poils de marte *Ravensburger.* Elles étaient également au courant de ce que son collègue, le professeur stagiaire, préconisait, quelle boîte de compas spéciaux, de la marque *Pelikan,* étaient nécessaires pour les travaux pratiques. On avait besoin de deux règles à dessin, avec leurs étuis, d'un double-décimètre en bakélite, un rapporteur, un grand atlas, indispensable pour le cours de géographie, une bonne acquisition, ils le garderaient le reste de leur vie, comme le répétait le stagiaire Kirk qui se référait à l'opinion du surveillant Kasbauer.

Les atlas étaient présentés ouverts sur une table, offrant aux regards leurs belles illustrations en couleurs et leurs cartes sur plus de deux-cents pages, auxquelles s'ajoutait une carte spéciale de la Bavière et un chapitre entier consacré à son développement historique et économique, ils allaient l'étudier dès la troisième avec M. Erbert. Il ne fallait pas oublier les cahiers pour les cours et les devoirs écrits, ceux avec la couverture noire, que Mme Weiβ leur avait décrits, il y en avait des piles sur le comptoir, à l'intérieur desquels les pages doubles servaient à recopier l'emploi du temps, disposés à côté des rouleaux de papier à recouvrir les livres.

Les jeunes clients attendaient leur tour debout, les oreilles rouges, des perles de sueur sur le front, il commençait à faire chaud à l'intérieur, tandis que les dames circulaient sans arrêt, elles avaient le prix en tête, s'il vous plaît, je suis à vous, l'une comptait les pièces avec célérité sur le comptoir, une autre saisissait les billets, les glissait entre le majeur et l'annulaire, se rendait à la caisse enregistreuse où elle tapait le montant en enfonçant les touches, ping, ping, ping, ping, bing, le tiroir s'ouvrait automatiquement après qu'elle eut pressé une touche spéciale, elle répartissait les pièces et les billets dans les compartiments et prenait la monnaie à rendre, au revoir, jeune homme, à bientôt.

Le cours normal des activités fut tout d'un coup suspendu. Dans la queue devant le mioche non loin de la caisse, un gars qui accompagnait Fritz Winklhofer – surnommé le Renard par ses camarades depuis la rentrée – se mit à proférer d'insupportables grossièretés, ça fait chier, bordel, c'est honteux, les prix sont exorbitants dans ce magasin de merde, c'est beaucoup plus cher que chez moi, tout en montrant les cahiers exposés sur le comptoir.

La caissière pâlit, le mioche vit ses narines trembler, elle fut incapable de rétorquer, fit signe à ses collègues qui avaient déjà observé la scène du coin de l'œil, elles abandonnèrent leurs clients derechef, le chiffre d'affaires fut momentanément interrompu, toutes trois entourèrent l'insolent et la plus aimable lui demanda d'une voix perçante qui il était pour se permettre des propos aussi désobligeants, qu'est-ce qu'il y connait aux principes du commerce et des prix, eh ? Eh ? Il fait moins le malin, maintenant ? Stupéfait, l'impudent bégaya un semblant de réponse, s'arrêta et repartit à l'assaut, moi, je m'appelle Hansi Melchior, de Munich, et mon père est propriétaire de la papeterie Melchior, très célèbre, située place Stachus, l'ancienne Klausplatz, en plein centre-ville, c'est pas n'importe où, et là, tout est bien moins cher.

Eh, bien, dans ce cas-là, qu'est-ce qu'il fabrique ici ? Qu'il retourne à Munich faire le fanfaron, si jeune et déjà un petit voyou, un demi-sel ! Qu'il cesse de troubler l'ordre et qu'il sorte sur-le-champ !

Hansi Melchior répéta devant la clientèle coite, ça coûte la peau des fesses ici, ça coûte la peau du cul, l'air dégoûté. Quelle audace, quel espèce de mufle, quelle honte ! L'une d'elles se saisit d'une canne et, avec l'aide d'un grand costaud, lui piqua le dos en lui intimant l'ordre de déguerpir : va-t'en, sale gosse, elle le poussa vers l'escalier, dis à ton père qu'il te ramène chez lui. Hansi dégringola les marches, buta sur la dernière, tomba sur le derrière, et d'une main sur la rampe, se redressa aussitôt. L'esclandre provoqué par Hansi Melchior avait créé le désordre parmi la clientèle et le petit garçon se retrouva soudain devant le comptoir, en face de la dame qui souriait d'un air triomphant. Elle s'était donné tant de peine pour venir à bout de l'abruti que la forte odeur de sa transpiration se mêlait à son parfum.

Ah ! Elle poussa un soupir de soulagement, celui-ci n'était pas du tout comme l'autre, ça se voyait tout de suite, il avait l'air gentil, bien élevé, blond, les yeux bleus… Et que désirait-il ? Il énuméra ce qu'il voulait, elle le lui procura en un tour de main, additionnant les prix avant d'annoncer la somme tout haut. Le petit garçon la vit s'approcher menaçante de la poche de son pantalon d'où dépassait le billet destiné au coiffeur. Il fut obligé de renoncer au matériel pour le cours de dessin, au papier pour recouvrir les livres et aux crayons de couleur. La dame avait bien compris, ce serait une prochaine fois, dit-elle, rassurante. Tandis qu'elle enveloppait les cinq cahiers noirs et les copies dans un papier journal, elle eut une idée : elle partit dans l'arrière-boutique et revint avec un magazine sur la couverture duquel était collée une éphéméride, elle fit virevolter les 365 petites feuilles de son pouce, regardez, il y a des proverbes au verso, elle le lui empaqueta, c'était un cadeau de la maison, il était si bien éduqué, au revoir, mon petit, et revenez bientôt nous voir.

Dehors, devant la vitrine, s'était formé un groupe autour de Fritz Winklhofer et de Hansi Melchior qui tapait son index sur la vitre en claironnant : le papier à lettres bleu, là, mon père vend le même, bien moins cher, et les cahiers, pareil. Quelle bande de voleuses !

L'anniversaire

Samedi 24 septembre 1955, Saint Rupert ; c'est écrit sur l'éphéméride. Comment a-t-il pu imaginer un seul instant que son père viendrait ici pour passer la journée avec lui ! Ou qu'il lui aurait envoyé une lettre, peut-être. Mais non, il a eu un empêchement de dernière minute, ça lui est bien égal, de toute façon son père a toujours une excuse, il avait annoncé qu'ils se reverraient au plus tard à Noël, il avait donc prévu son coup. Pourtant c'est son anniversaire aujourd'hui, il a onze ans, il fait gris et humide au pensionnat, la plupart des internes sont partis, on est venu les chercher pour le week-end, le plus grand calme règne dans le dortoir.

Le petit garçon a sorti son échiquier mais il n'a plus envie de s'attaquer à Manfred Steiner. Il pourrait s'entraîner, rivaliser contre lui-même. Son rêve serait d'atteindre le niveau de Bobby Fischer[53], dont il suit le parcours fulgurant, mais à quoi bon rêver ? C'est Greta qui lui a appris à jouer. Il faut réfléchir longtemps avant d'avancer un pion ou un cavalier, il faut prévoir le coup de l'adversaire, anticiper la manœuvre, c'est tout un art

---

[53] Bobby Fischer (1943-2008) : joueur d'échecs américain, qui, à l'âge de quatorze ans, deviendra champion des États-Unis au tournoi de 1957-1958.

de savoir préserver ses pièces maîtresses. Il replie l'échiquier et se met à lire *L'île au trésor* jusqu'à l'extinction du globe, Fritz Mausbuchner a bien voulu lui prêter sa petite torche afin qu'il voie mieux les illustrations. Lui, il range ses timbres. Le petit garçon a aussi une collection de timbres mais il ne l'a pas emportée ; l'album est trop épais.

Il aime bien ce roman d'aventures, il se prend pour Jim Hawkins, le héros, après tout ils sont presque du même âge ! Il aurait agi comme lui, ouvert la malle où était cachée la carte du trésor, aurait suivi le capitaine Flint avec ses amis le docteur et le brave Trelawnay, aurait parcouru les mers à bord de l'Hispaniola pour retrouver l'île avec son trésor. Il n'aurait pas craint les pirates, il ne craint pas les pensionnaires non plus, qui rentrent chez eux en fin de semaine alors que lui reste au pensionnat pour mieux concentrer ses forces, il finira par éliminer tous ceux qui se moquent de lui, il n'a pas de sabre, mais il sait se défendre, donner des coups de poing, il faudrait juste qu'il prenne du poids, mais comment bien manger lorsque même la soupe est infecte dans ce pensionnat, en plus il déteste les choux de Bruxelles qui leur sont servis au moins une fois par semaine. Ça ne sert à rien de se plaindre, c'est du temps perdu.

Vivement qu'il sorte d'ici, quand sa mère viendra-t-elle le chercher avec Max ? Max est gentil ; il l'a rencontré, il y a deux ans, il avait un bras autour de la taille de Greta, il s'est approché de lui en se baissant pour déposer une bise amicale sur ses joues en murmurant : ça va, mon petit gars ? » ça faisait bien longtemps qu'un homme ne lui avait pas parlé ainsi, avec cette douceur dans la voix. Puis Max a annoncé qu'ils allaient partir tous les quatre en vacances, en Bavière. Tous les quatre ? s'était exclamé le petit garçon, stupéfait. Oui, nous prendrons Joachim avec nous. Le petit garçon était heureux comme il ne l'avait pas été depuis longtemps. Lui restait en mémoire ce bon souvenir du séjour à Kößlarn, il avait 9 ans alors, et Joachim 7. Il faisait un temps radieux ce jour-là, Max les avait emmenés à la campagne et ils avaient pique-niqué dans une cabane en bois.

Max avait pris plein de photos, de Greta allongée en maillot de bain sur un matelas pneumatique, puis de profil, puis allongée sur le ventre, puis en gros plan, resplendissante ; des photos de Joachim et de lui, à l'intérieur de la cabane, leur tête à la fenêtre, en train de rire. De lui, assis de trois quarts en plein soleil sur un siège pliable, pouvant à peine ouvrir les yeux, torse nu, avec ses épaules toutes blanches et maigres. Max avait réussi à prendre une photo d'eux quatre devant la cabane, en utilisant le retardateur de son appareil *Voigtlander*. Et une photo de sa mère et lui de dos, allant sur un chemin qui ne conduit nulle part…

Max est extraordinaire, il lui a montré comment réaliser des tours de magie et il les a appris parce qu'on n'a besoin que d'un minimum de matériel : par exemple du papier blanc sur lequel on dessine un minuscule bonhomme que l'on découpe ensuite en faisant attention à bien suivre le contour, plus une bouteille vide. Et un long cheveu. Greta a de longs cheveux aux jolies boucles blondes comme les blés. Il en a pris un sur sa brosse, a collé un bout au petit bonhomme en papier, c'est très délicat à manipuler mais il y est arrivé, il a glissé le petit bonhomme jusqu'au fond de la bouteille, le cheveu était pratiquement invisible et, devant sa mère, il a chuchoté : monte, petit bonhomme, monte, en tirant doucement le cheveu qu'il tenait entre le pouce et l'index ! Et le petit bonhomme de monter lentement, lentement. Greta avait bien ri ce jour-là, elle avait crié bravo, c'est magique !

Chez le coiffeur

Dans la Bahnhofstraβe, entre la banque Raiffaisen et la minoterie d'Anton Frisch, le jeune garçon trouva le salon de coiffure sans difficulté. Avant d'entrer, il resta quelques instants devant la vitrine à regarder les gestes du coiffeur les ciseaux à la main sur le point de couper les cheveux d'un interne, à contempler les flacons de shampoing et les tubes de brillantine, des articles pour la pousse des cheveux, des fortifiants pour les pointes..., la porte était ouverte, il entendait le bruit des lames des ciseaux qui tranchaient avec entrain, il avança lentement et comme le lui indiqua de la main gauche le coiffeur, s'assit sur un banc de bois où patientaient deux autres élèves qu'il connaissait de vue. Il prit un magazine sur la tablette à côté, le feuilleta, le ferma et le remit en place. Il glissa ses doigts entre les mèches fines et rebelles qui déplaisaient tant au directeur. Lorsque vint son tour, le maître se courba vers lui en marmonnant à travers sa barbe fleurie, bonjour, c'est pour quoi ? Le jeune garçon répondit bonjour, alla s'assoir sur le tabouret qui fut aussitôt soulevé à la bonne hauteur et il lui expliqua qu'il désirait une coupe sans dégradé, courte, mais pas trop, c'est bon, j'ai compris, lui fut-il répondu.

Le maître se mit à l'œuvre, il n'était pas d'ici, raconta-t-il, ni de Bavière, d'ailleurs, dans le flot de ses paroles, le petit garçon crut comprendre le mot « étranger », il dit le nom de la ville en dialecte rhénan, il fait chaud aujourd'hui, et toi, tu viens du pensionnat ? Le petit garçon acquiesça et l'on n'entendit plus que le bruit de la tondeuse électrique qui montait et descendait, le petit garçon ne devait pas trop pencher la tête, juste ce qu'il fallait, il obéit en s'épelant tout bas le nom des réclames qu'il avait vues sur le mur à côté, les ciseaux reprirent du service puis tondeuse et ciseaux furent remplacés par un rasoir affuté sur un ruban spécial. Le maître s'affaira sur la nuque et autour des oreilles, lui présenta un miroir afin que le jeune garçon voie sa coupe de dos, celui-ci fut saisi d'effroi, jamais de sa vie il n'avait porté les cheveux aussi courts ! Tandis qu'il sortait son porte-monnaie, le maître apporta une touche finale à sa création en l'aspergeant de sent-bon. L'horloge de l'Hôtel de ville sonna le quart de cinq heures.

Au dîner, on le repéra aussitôt, on se moqua de sa nouvelle coupe de cheveux, on la montra du doigt, les langues allèrent bon train jusqu'à l'entrée de M. Wiggler dans le réfectoire ; il se promena dans les rangées, examina les coupes améliorées, secoua la tête, s'arrêta, se courba, compara, et enfin laissa libre cours à son mécontentement au micro, il n'en voyait qu'un qui avait compris le message, un seul qui avait les cheveux comme il l'avait exigé, au surveillant Klaus de le nommer..., c'était le jeune garçon !

– Eh, bien, jeunes, gens, suivez l'exemple !

Cent quarante-neuf garçons se regardèrent, l'air consternés, Martin Steffen se pinça les lèvres, pas question qu'un sale mioche qui a le culot de faire de la lèche au directeur soit assis à sa table, il pouvait toujours essayer, il n'aurait rien à bouffer.

Vacances de la Toussaint

Le jeune garçon était éveillé bien avant que la sonnerie stridente du réveil ne sortît les pensionnaires de leur lourd sommeil, il avait mal au ventre et appréhendait de se lever, le surveillant Boucher se pointa, fit son tour d'inspection et ouvrit grandes les fenêtres. Le jeune garçon s'assit sur le bord de son lit, redressa le torse, tira la veste de son pyjama vers le bas, attendit que Fritz Mausbuchner lui tournât le dos pour se lever et enfiler son pantalon ; tandis qu'il mettait ses pantoufles, les camarades passaient devant son lit, Gerd Metzer se fit une joie de tenir la porte ouverte pour qu'ils sortent, il avait le droit d'appuyer sur la sonnette si l'un d'eux lambinait, lui, par exemple, Manfred Frenzl, qu'on appelait Fredi, piqua un bonnet de nuit sous un édredon et une fois lancé à travers le dortoir, celui-ci atterrit sur le lit du jeune garçon. Fredi partit le récupérer, souleva la couette et se mit à hurler : venez voir, venez voir ce que j'ai découvert ! Ses potes accoururent Klammer, Dozauer, Seckmüller, Sigi Götz, la clique habituelle, Fredi était interdit, le petit con a chié dans son lit ! Quiconque était encore dans le dortoir avait entendu et se pressait pour voir la tache brune de la grosseur d'une pièce de cinq marks sur le drap du dessous. Klammer se précipita dans le couloir en s'écriant : il a chié dans son lit, il a chié dans son lit jusqu'à la porte des toilettes où il tomba nez à nez avec un surveillant qui lui saisit l'oreille et la tira vers le haut : c'est ça tes nouvelles, hein ? ça t'excite, hein ? Demi-tour, et fous-moi le camp !

C'était le dernier jour d'école avant les vacances de Toussaint, au dîner le surveillant Klaus compta le nombre de pensionnaires qui ne rentraient pas chez eux : quinze.
– Pourquoi ne rentres-tu pas chez toi, demanda-t-il à Christmann Uwe. Il habitait à Stuttgart et c'était trop loin.
– Et toi ? Il désigna Bernd Halascher.
– Ça coûte trop cher.
Franz Köbele déclara que sa mère travaillait à l'hôpital et qu'elle était de service, elle était occupée du matin jusqu'à tard dans la nuit.
– Et ton père ?
– Il n'est pas revenu après la guerre, il a été porté disparu.
Volker Linden avait au moins seize ans, il portait au majeur droit une bague en argent surmontée d'une tour carrée, on le reconnaissait de loin, avec sa tête penchée en avant, comme s'il eût voulu exhiber la longue cicatrice qui lui traversait le cou du bas de la nuque jusqu'en dessous de l'oreille droite. Lui non plus ne rentrait pas chez lui, son père était tombé au front et sa mère… il n'acheva pas sa phrase.

Le surveillant Klaus ôta ses lunettes, les nettoya soigneusement avec son mouchoir, ce faisant il se retourna et s'abstint de poser d'autres questions. Tout de suite après le dîner, les oubliés des vacances de Toussaint apprirent qu'ils devaient déménager pour une semaine dans le dortoir n°1, celui avec les lits bas, aux sommiers métalliques, on y apporta de la salle à manger deux tables et des chaises afin que l'espace fût plus convivial, comme l'affirma le surveillant Klaus d'un ton radouci. Lorsque tous furent au lit et après qu'il eut éteint la lumière, il leur dit bonne nuit en donnant toutefois l'autorisation à l'un d'eux de raconter une histoire aux autres pendant une demi-heure, à condition qu'ils fussent sages. Moi, je voudrais écouter les aventures d'Old Schätterhänd, dit Ulfried Nebelung, on pourrait commencer par ça ! *Mon ami Winnetou*[54], par exemple. Pas ça, on connaît ! Le jeune garçon ajouta que lui aussi il l'avait lu, ah, la ferme, toi, grogna Nebelung, pourquoi pas *Le Dernier des Mohicans*[55], alors ou autre chose avec Bas-de-Cuir[56] ? Mais plus personne ne voulait entendre d'histoires d'Indiens et de cow-boys, soudain quelqu'un cria : ça sent le mazout, ça sent le mazout, c'est la chaudière qui chauffe trop à la cave, elle va exploser ! Martin Steffen l'interrompit, restez tranquilles sinon le négro va rappliquer, et tout le monde criait : restez tranquilles jusqu'à ce que le silence fût enfin rétabli.

Quelques secondes s'écoulèrent avant que la voix douce de Volker Linden s'élevât en provenance du centre du dortoir n°1, écoutez, tous, c'est un film dont l'action se passe à Vienne après la guerre, en 1948, la ville est divisée en quatre secteurs, les Amerloques, les Tommies, les Français et les Russes, comme à Berlin, en fait, c'est terrible pour les habitants, les familles sont séparées, le

---

[54] Old Schätterhänd, héros blanc, ami du chef indien Winnetou, dans les romans d'aventures au Far West de l'écrivain allemand Klaus May (1842-1912).

[55] De Fenimore Cooper, romancier américain (1789-1851).

[56] Titre original : *Leatherstocking*, du même auteur, série d'aventures.

marché noir et les petits trafics en tous genres fleurissent…
– De quoi tu parles ? l'interrompit Alfons Hahn. Heinz Polza lui dit : t'es con, toi, tout le monde sait ça, même les enfants.

Le jeune garçon le sait lui aussi. Chez Tante Christelle et Tante Susi à Hambourg, il se souvient qu'il avait ouvert la porte du buffet et avait vu un tas de bas de nylon enveloppés dans du papier de cellophane, à côté, il y avait des boîtes de médicaments et des fioles de *Naganol*[57], Tante Susi l'avait surpris avec une fiole dans la main, en train d'essayer de dévisser le bouchon ; c'est interdit d'y toucher, avait expliqué Tante Susi, c'est dangereux, personne ne doit être au courant… et tard le soir, on sonnait à la porte et le lendemain matin, il n'y avait plus de bas de nylon ni de boîtes ni de fioles de *Naganol*. Une fois, il en avait laissé tomber une, elle s'était cassée et les capsules s'étaient dispersées dans toute la cuisine, sous le buffet, sous la table et sous la cuisinière et à trois, ils avaient rampé par terre afin de les ramasser mais quelques semaines plus tard, Muschi en avait retrouvé une et d'une patte agile essayait de l'attraper pour jouer avec, il aurait pu la manger et s'empoisonner peut-être ; le petit garçon avait réussi à en récupérer trois autres à l'aide une règle.

– Bon, on ne m'interrompt plus maintenant, reprit Volker Linden : un journaliste anglais du nom de Rollo Martins[58] séjourne donc à Vienne afin d'y retrouver un ami

[57] Médicament (*Suramine*).
[58] L'un des protagonistes du scénario *Le Troisième Homme*, rédigé par l'écrivain anglais Graham Greene pour être adapté à l'écran.

d'enfance, Harry Lime, qui s'épelle L.I.M.E et se prononce leim. Ce Lime l'a invité de la part du haut-comité pour les réfugiés internationaux pour qu'il écrive un article sur la situation des malheureux, je vous passe les détails, Harry Lime n'est pas à l'hôtel Astoria, où il doit accueillir son ami, on apprend qu'il a été renversé par une voiture dans des circonstances plus que bizarres, en fait il a été tué, le journaliste devine que quelque chose n'est pas clair ; ce qui éveille ses soupçons, c'est qu'un témoin de l'accident est retrouvé la gorge tranchée. L'enterrement a lieu… il y fait la connaissance de l'amie de Lime qui s'appelle Anna Schmidt, en réalité, c'est une Hongroise avec de faux papiers, elle craint les Russes…

– Pourquoi elle a peur des Russes ? demanda Lute Steinfender. Il ne comprend pas pourquoi une Hongroise peut avoir peur de Russes, il ne sait pas que la Hongrie est occupée par les Russes, alors Linden doit lui expliquer que les Russes sont à sa recherche, ils veulent l'arrêter et l'envoyer dans un camp de travail et Lime, l'animal, l'a trahie, mais ça, on ne l'apprend que plus tard dans le film.

Rollo Martins tombe amoureux de la belle Anna et, avec un certain Colonel Calloway, un haut gradé des services secrets anglais, ils vont tenter d'éclaircir le mystère de la mort de Lime ; le colonel en question dit à Rollo que son ami, c'était un sale type qui s'adonnait à un mauvais trafic, il revendait de la pénicilline, vous savez ce que c'est la pénicilline, non, de la pénicilline volée, après qu'il l'avait mélangée à du sable fin, les hôpitaux sont remplis de ses victimes, surtout des enfants. Rollo Martins n'en croit pas ses oreilles mais il lui faut se rendre à l'évidence. Harry Lime a simulé sa mort pour échapper aux services secrets.

Au Prater, près de la grande roue, Rollo Martins le voit de loin, il le reconnaît, il est pris d'une haine farouche envers son ami d'enfance, avec Calloway il va lui tendre un piège ; lorsque Lime veut s'enfuir par les égouts de Vienne, les deux hommes le pourchassent avec l'aide d'un policier qui suit sa trace grâce aux empreintes de pas qu'il a laissées sur les dalles humides et glissantes ; dans le lointain, on entend les sirènes de voitures de police, la scène est saisissante car l'obscurité est soudain traversée de faisceaux de lumière blanche lancés par des projecteurs, Lime abat le policier, Rollo somme son ami de se rendre, il refuse, Rollo l'abat avec l'arme de Calloway. Rollo a le temps d'entendre Lime prononcer ses derniers mots : « espèce de con ! » On ne sait pas s'il vise Rollo Martins ou lui-même en disant ces mots-là…

– Vous avez compris l'histoire ? demanda Linden quand le silence fut rétabli.
– Oui, répondit Polza, en gros, mais le passage avec le Prater, il n'a pas tout saisi, c'est quoi le Prater d'abord ? Il n'est pas le seul à l'ignorer. Le jeune garçon, lui, le sait mais ne pipe mot.

Pendant le temps libre, les habitudes se prennent, on entend une sonnerie, s'il fait beau, c'est la promenade, quand il pleut on renonce à sortir, les chemins sont détrempés, les surveillants courent dans les couloirs en criant : « contrôle des casiers ! » Les plus jeunes doivent se rendre à leur armoire en vitesse mais il faut attendre que l'un de ces aînés soit sur place avant de l'ouvrir, il procède alors à l'inspection du linge de corps, des chemises et des pullovers, sont-ils tous bien pliés ou mis en boule dans un coin ? Tout est-il bien en ordre du côté gauche dans la penderie ? A-t-on bien rangé son linge sale dans son sac ? Tout est-il bien mis en place comme dans le sac à dos de Luis Trenker, un modèle du genre, comme l'a constaté le surveillant von Grielmann.

On vérifie aussi qu'il n'y a rien d'interdit dans les casiers, des histoires cochonnes, des cigarettes ou un poste de radio, posséder une radio, c'est interdit, du moins, pour les sixièmes et les cinquièmes, c'est écrit dans le règlement intérieur qui est accroché dans un cadre à l'entrée du réfectoire, à droite quand on entre. Qu'est-ce que ce serait si cent cinquante élèves avaient un poste de radio, s'exclame le surveillant Klaus en fouillant derrière les serviettes et les draps, avant de reprendre sa ronde. Si c'est pas bien rangé, il parle d'une sacrée raclée qu'il va administrer au coupable qui n'aura qu'un quart d'heure pour tout remettre en ordre, hop, hop, hop, tout doit être impeccable, sinon, le coupable, il l'aura. Ferdl Wegner n'y arrive pas, il passe le reste de son temps libre à vider, nettoyer et ranger son casier.

Le jeune garçon s'est enfin résolu à parler au surveillant Boucher de ses maux de ventre récurrents le matin

– Alors, tu te distingues ? Tu veux aller chez l'oncle Doc ? En profiter pour boire un coup en ville, sortir avec des filles, sacré coquin ! Boucher ricane, je plaisante, mon petit gars. Tu trouveras le cabinet médical dans l'Arnstorferstraβe, direction centre-ville, tu le repéreras facilement, il jouxte un café, tu verras la plaque sur le mur à côté de l'entrée, et quand tu reviendras, j'exige un compte rendu de ta visite, je veux que tu m'expliques ce qui ne va pas.

Le jeune garçon n'eut aucun mal à reconnaître la maison, il regarda la plaque bien astiquée, Docteur Helmut Goetze, généraliste. Horaires de consultation… il ne lit pas la suite, entra, la porte de la salle d'attente était entrouverte, il y avait deux rangées de chaises contre les murs et par terre, du linoléum gris, au milieu de la pièce trônait une table basse couverte de magazines et de journaux, le *Passauer Neue Presse, Der Rottaler, Der Imkerfreund* et, au-dessus du tas, un vieux numéro du *Münchner Illustrierte*[59], avec le portrait d'une jeune femme triste et un titre : *Margaret doit renoncer au mariage.*

Il le prit et s'installa sur une chaise en s'appuyant sur le dossier et se balançant les jambes ; seules les images

[59] Journaux et magazines régionaux.

attirèrent son regard ; trois photos accrochées au mur représentaient : la première, un temple grec aux gigantesques colonnes perché sur une colline, la deuxième, la statue imposante d'une femme habillée de couleurs vives, une couronne dans une main, s'appuyant de l'autre main sur le pommeau d'une épée, et la troisième, un château fort dont on distinguait les tourelles, les encorbellements… la porte du cabinet s'ouvrit sans bruit, un homme en costume sombre trois pièces, petit et raide, s'approcha : Bonjour, qu'est-ce qu'il lui arrive ? Il lui faut des renseignements, au docteur Goetze, il veut tout savoir. Le jeune garçon crut d'abord qu'il avait affaire au secrétaire du médecin, mais non, c'était le toubib en personne qui non seulement parlait de lui à la troisième personne, comme s'il refusait de s'engager personnellement dans cet interrogatoire, mais il s'adressait aussi au jeune garçon de la même façon que les surveillants, d'un ton condescendant, comme s'il prenait les gens pour des moins que rien, le jeune garçon se sentit encore plus mal à l'aise.

Il eut envie de quitter les lieux sans se retourner, mais le docteur Goetze l'entraînait déjà vers l'intérieur de son cabinet. Une fois installé à son bureau, il enchaîna :

– Nom et prénom ? Le gamin déclina son identité.

– Date de naissance ?

– Le 24 septembre 1944.

– Bien. Adresse des parents ? Le gamin se tut un instant. L'adresse de ses parents ? Il fallait bien dire quelque chose

– Du père ou de la mère ? Le médecin releva la tête, observa le môme en silence et reprit :

– Peu importe. Il donna l'adresse de son père.

Le médecin écrivit les réponses sur une fiche cartonnée blanchâtre, en lui demandant de quel régime de sécurité sociale il dépendait. Le jeune garçon fut décontenancé.

– Qu'est-ce qu'il y a ? Il ne le sait pas ?

Il ne le savait pas.

– Ça ne fait rien. Alors, qu'est-ce qui se passe ?

Le jeune garçon décrivit ses crampes dans le ventre chaque matin avant le réveil, qui parfois duraient toute la matinée, et après le déjeuner. Après qu'il eut ôté ses vêtements, le docteur le fit allonger sur la table d'auscultation.

– Ça fait mal, là, demanda-t-il en palpant son bas-ventre, non, ce n'était pas douloureux, alors il lui enfonça un doigt noueux plus haut au niveau du colon gauche, en lui demandant si là, ça faisait mal. Oui. Ah, ah ! Il lui ferma une paupière, lui dit de tirer la langue.

Avant qu'il ne se rhabillât, il ordonna qu'il aille se peser sur la balance dans un coin du cabinet et s'avança pour constater : il est maigre, il est maigre comme un hareng saur, ce garçon, il doit faire attention à ce que le vent ne l'emporte pas, est-ce qu'il a déjà pris de l'huile de foie de morue ? Oui, chez ses tantes à Hambourg, une cuillérée à soupe tous les jours, elles lui disaient de fermer les yeux, et même son chat Muschi avait droit à une petite goutte de temps en temps. Le médecin hocha la tête plusieurs fois et lui recommanda de boire beaucoup de lait et de bien manger, des fruits et des légumes frais, des vitamines naturelles, de mâcher la nourriture lentement et marcher régulièrement, sinon, c'est le rhume chronique qui se déclare, on ne peut plus s'en débarrasser, il lui faut respirer l'air pur, faire la sieste, le mal de ventre disparaîtra comme par enchantement, il griffonna le nom de deux médicaments sur une ordonnance : Nervogastrol 3 fois par jour, Sodal, avec ça il se sentira mieux.

Pendant les courtes vacances un programme de travail était organisé : le matin de 10 à 11 h et l'après-midi, de 3 à 4. Les délaissés de la Toussaint s'asseyaient à deux tables entre lesquelles le surveillant Klaus s'installait, menaçant quiconque tenterait d'échapper aux activités.

– Maintenant, mes chers amis, dit-il en s'adressant aux plus jeunes, nous allons résoudre un problème, écoutez bien : deux trains de chemin de fer éloignés de cinq cent kilomètres circulent en sens inverse, l'un est un train de marchandises et l'autre de voyageurs, il s'agit de se rappeler le point du parcours où ils vont se croiser..., en tenant compte des arrêts dans les gares, des poteaux de signalisation... donc, je reprends : à quelle vitesse le train A de marchandises doit-t-il rouler pour qu'il croise le train B de voyageurs au kilomètre 131 ? Le jeune garçon n'avait pas tout noté, il n'écoutait plus, il ne saurait pas le faire, ce genre de calcul diabolique lui rappelait celui des boutons pendant le trajet en voiture vers le pensionnat, il eut envie de vomir.

Les grands, de leur côté, refermèrent aussitôt leur *Lebensgut*[60] et se plongèrent avec zèle dans la lecture de *John Maynard*[61], l'histoire tragique d'un timonier qui pendant huit strophes refuse de lâcher la barre de son navire bien que le feu ait pris à bord ; il périt brûlé vif au

---

[60] Livre de lecture (cinq tomes) pour les élèves des lycées.

[61] Ballade de Theodor Fontane.

milieu des flammes. Pour varier les besognes, on pouvait aussi dessiner des cartes de géographie avec des crayons de couleurs dans le cahier de travaux pratiques, représenter les montagnes en marron, les bois et bosquets en vert, les villes par des points rouges, les fleuves en bleu, M. Kirk était friand de ces exercices appliqués. D'autres en profitaient pour écrire des trucs sur leur bloc de papier ou dans leur cahier de brouillon, des phrases à apprendre par cœur, ou des lettres, ils écrivaient à des amis en espérant qu'ils auraient une réponse au courrier, comme Martin Schmidt qu'on appelait presque tous les jours avant le déjeuner parce qu'il avait laissé son nom et son adresse au magazine *Les Petits Débrouillards* dans la rubrique : « Corresponds avec un copain ».

Lorsque le surveillant constatait que les collégiens dont il avait la charge étaient tous sagement occupés, il s'asseyait, bourrait une pipe et se plongeait dans la lecture d'un livre de poche à la couverture rouge sang et au titre noir imprimé en gras. À intervalles réguliers, Il levait la tête, remontait ses lunettes sur ses cheveux crépus pour voir si l'un de ces merdeux essayait de se dérober à sa tâche, puis il rallumait sa pipe.

L'après-midi, le travail était interrompu vers 15 h 15 afin que les gamins puissent écouter une émission à la radio. Le surveillant Klaus apportait son poste qui ressemblait à un petit coffre noir avec un haut-parleur rond d'un côté et de l'autre, une rangée de chiffres sans nom de ville, il fallait juste capter l'antenne en faisant tourner l'aiguille vers des lettres comme IKA – Litzmannstadt[62], par exemple. Tous se mettaient en demi-

---

[62] Radio locale.

cercle devant le poste posé sur une table et chaque jour, ils apprenaient quelque chose de nouveau, sur des incidents dans la république des nègres de Haïti, sur les gens qui vivaient le long du Nil, sur la Bavière, le pays, les paysans, les récoltes, le lait – une denrée de première importance –, sur la communauté, la famille, l'individu, sa place dans la société... L'émission durait une demi-heure, puis ce devait être la quête pour la Croix rouge mais le surveillant l'expédiait à toute allure et chacun retournait à sa place initiale.

Le soir, avant le coucher, les élèves avaient le droit d'écouter un peu la radio que leur prêtait le surveillant Klaus, ils recherchaient les ondes, mais ça grésillait trop dans le dortoir, alors, ils l'éteignaient et lisaient. Volker Linden raconta quelques passages d'une histoire fascinante qu'il avait entendue à la radio à Hambourg dans une émission spéciale intitulée : « Le *Caine* lui fut fatal[63] ».

Le reste du temps, les jeunes étaient libres de faire ce qu'ils voulaient, du sport, de la marche, des promenades, du ping-pong, de la lecture, des jeux de société comme le Monopoly, les petits chevaux, les dames ou les échecs, le solitaire, la bataille ou le rami. Dans l'album de l'année scolaire 1955-1956, l'une des pages était consacrée à la vie au pensionnat :

Qu'est-ce qu'un pensionnat ? C'est un endroit où les jeunes vivent ensemble et doivent essayer d'y vivre le mieux

---

[63] Allusion au roman *The Caine mutiny*, d'Herman Wouk, traduit en français par *Ouragan sur le Caine*, qui raconte comment l'équipage du navire USS Caine se rebelle contre leur capitaine, Philip Francis Queeg, un homme autoritaire et impitoyable.

possible. C'est un petit monde ; savoir s'il va devenir beau dépend uniquement de la conduite des pensionnaires. Qu'est-ce qu'un pensionnaire ? C'est quelqu'un qui ne peut vivre dans sa propre famille, ce n'est pas grave, il vit dans une communauté de son choix, semblable à une famille où cohabitent des jeunes de son âge. Ils se posent les mêmes questions, éprouvent les mêmes inquiétudes, ils ne restent pas seuls dans leur coin, ils s'entraident, se relèvent après une chute, se soutiennent moralement et physiquement…

La reprise des cours

En ce jour de rentrée des vacances de Toussaint le premier cours était allemand. Mme Weiβ arriva promptement dans la classe, deux rouleaux de papier sous les bras qu'elle déposa sur sa chaise.
– Bonjour, les enfants !
– Bonjour, Madame !
– Asseyez-vous ! Kolondz ! Ici !

Kolondz accourut et fut chargé d'aller chercher des punaises au secrétariat, chez Mlle Kluger, au moins vingt-quatre ! En attendant qu'il revienne, les élèves furent priés d'ouvrir leur livre à la page 120 et de se plonger en silence dans la lecture de *Das Glück von Edenhall*[64].

De son estrade, elle inspecta les quatre murs du sol au plafond, puis d'une extrémité à l'autre comme si elle essayait d'en évaluer la hauteur et la largeur, visiblement elle calculait le meilleur emplacement pour changer la

[64] Vase en verre de cristal connu sous le nom de *Bonheur d'Edenhall*, auquel ont été attribué des vertus magiques, inspirant des légendes dès le XVIIIe siècle, et une ballade écrite par le poète allemand Johann, Ludwig Uhland (1787-1862), qui fut traduite par l'Américain Henry Wadworth Longfellow (1807-1894).

décoration constituée essentiellement de photos et de cadres usagés. Le mur devant était déjà pris avec le crucifix et le tableau, sur le mur du fond était accrochée une image encadrée sur laquelle un beau jeune homme aux cheveux longs, habillé de blanc festoyait à une table avec ses amis ; restait le mur de droite à la surface badigeonnée au-dessus d'une double rangée de patères, et où, entre les taches d'encre, de gras et les marques de formes et de couleurs variées, n'était punaisée qu'une seule mais immense photographie ondulée, empoussiérée, représentant une église avec ses deux clochers massifs. Après un temps de réflexion, elle s'exclama, celle-là, il faut qu'elle parte et sans plus attendre se dirigea vers la condamnée, dont elle essaya de retirer les punaises du bas sans succès.

Entre-temps Kolondz, qui était revenu du secrétariat, les punaises au creux d'une main, les posa délicatement sur le bureau et vint à la rescousse du professeur, extirpa les punaises à sa hauteur mais les autres étaient hors de portée, il alla chercher une chaise et Mme Weiß grimpa dessus avec énergie sans se soucier de ses bas de nylon qui s'arrêtaient juste au-dessus de ses genoux, tendit les mains pour arracher les punaises récalcitrantes avec ses ongles, c'était impossible, Kolondz s'empressa de lui procurer un canif qu'il lui présenta côté lame.

Elle eut un mouvement de recul, faillit perdre l'équilibre et finalement descendit de son perchoir. Kolondz acheva le travail à sa place. Maintenant, ordonna-t-elle en déroulant une première affiche et la lui passant, tu vas la punaiser bien comme il faut, tiens-la à plat, appuie-la contre le mur, un peu plus à droite ! À droite, j'ai dit ! Plus haut ! Encore un petit peu, stop ! Vas-y ! Enfonce les punaises au fur et à mesure…

Pendant que les élèves accompagnaient le jeune seigneur du château à la table du banquet où festoyaient ses convives enivrés au son des tambours et des trompettes, les punaises s'enfonçaient dans le mur. Pendant que les élèves entendaient le jeune seigneur ordonner qu'on lui apportât le Bonheur d'Edenhall… qui devait bientôt se briser, adieu, Bonheur d'Edenhall, les punaises s'enfonçaient dans le mur. Tandis que s'effondraient les voutes du château, que le feu ravageait la salle, que les hôtes disparaissaient dans les décombres et les cendres…, l'élève Baltruschat était occupé à tout autre chose : il suivait les gesticulations du professeur et de Kolondz et alla leur donner un coup de main en se perchant sur la chaise pour punaiser la seconde affiche, à gauche.

À présent Mme Weiβ exigea la plus grande attention, elle tapota sur une affiche punaisée puis sur l'autre en se tenant à l'écart afin que tous les découvrissent en même temps. Les élèves purent ainsi voir du côté gauche l'image de deux mains qui tenaient un petit paquet, et de l'autre côté lire : *Ton petit paquet pour LÀS-BAS,* écrit en noir. Et, imprimé en rouge : *Envoyez souvent ! Écrivez beaucoup !* En lettres jaune d'or était inscrit le message : *Restons ensemble.*

Mme Weiβ demanda alors ce que voulait dire **là-bas** sur la deuxième affiche. Silence d'abord, seul Robert Kieffer leva le doigt et répondit : la zone. Et c'est quoi, la zone ? demanda-t-elle ? La zone d'occupation soviétique. Comment sait-il cela, lui ? interrogea-t-elle. Il dut expliquer devant tout le monde que sa mère vivait à

Berlin Est. Est-ce qu'il était allé souvent chez ses parents ? Non, son père était mort, et ça coûtait trop cher, ses grands-parents n'avaient pas assez d'argent pour l'y envoyer. Est-ce qu'il écrivait souvent ? Oui, il écrivait à sa mère mais pas trop souvent à cause, à cause… de son beau-père qui travaille chez les VoPos[65], il ne voit pas cette correspondance d'un très bon œil parce que ça pourrait lui créer des ennuis, parce que les relations entre l'Est et l'Ouest sont difficiles … Kieffer fut autorisé à se rassoir. Il avait reçu un courrier quinze jours auparavant : il sortit de sa poche une enveloppe de papier brunâtre sur laquelle l'encre avait déteint, il posa sur son pupitre la lettre que sa mère lui avait écrite au crayon, les yeux s'emplirent de larmes, elle lui annonçait qu'elle avait changé de nom, elle s'appelait Lewandowski à présent.

– Vous voyez, en écrivant que nous restons ensemble, nous pourrions envoyer des paquets à nos sœurs et frères en zone soviétique, c'est bientôt Noël, qu'est-ce qui manque le plus aux gens, là-bas ? Kieffer se ressaisit et crut l'éclairer en la matière en disant : des lacets, du papier toilette...

–Et quoi d'autre, encore ?

Il n'ajouta rien.

– Vous en avez des choses, à apprendre, écoutez-moi bien : les vivres sont insuffisants chez ces gens-là, vous avez entendu parler des tickets de rationnement, je suppose, eh bien, le pain, la viande, le beurre, le lait, toutes ces denrées sont réduites ; on distribue des tickets

[65] Volkpolizei (Police du Peuple), la police nationale de l'Allemagne de l'Est, formée à la fin de la Seconde Guerre mondiale.

toutes les semaines ou tous les mois et parfois, les familles ne peuvent même pas s'en procurer, alors qu'ici, on vit comme si on avait tout en abondance, l'année dernière en Allemagne de l'Ouest, on a dépensé douze milliards de marks en tabac et en alcool, c'était écrit en toutes lettres dans le *Passauer Neue Presse*[66], tout cet argent parti en fumée et en beuverie, c'est une honte ! Nous devons faire des sacrifices, tenez par exemple, toujours l'année dernière, les auberges de jeunesse ont récolté six cent soixante-dix-sept marks alors que les nécessiteux à l'Est, eux, n'ont reçu que cinq cent cinquante marks de la part de sept cent soixante-huit élèves, on n'a atteint que trente paquets !

Elle exhorta les plus jeunes à bien y réfléchir, à ne pas se laisser tenter par le cinéma, ne pas se gaver de glaces et de sucreries… Dans sa classe, en tout cas, elle s'attendait qu'une somme coquette soit réunie, Kolondz fut chargé de la collecte, il l'avait faite l'année dernière et il avait même organisé une quête en ville pour la Fondation *Aide aux Mères de Famille et Entretien des Tombes de Guerre*. Il aurait à établir la liste des noms, et à côté de chaque nom, il inscrirait le montant donné, elle calculerait le total elle-même.

Une semaine plus tard au début de l'heure d'allemand, Mme Weiß appela Kolondz à son bureau afin qu'il lui remît la liste ; elle l'étudia en pinçant les lèvres et hochant la tête avant de réclamer l'argent collecté. Kolondz vida le contenu d'une petite bourse, les pièces

[66] Quotidien régional de Basse-Bavière.

tintèrent sur le bureau et le professeur se mit à les compter sans délai :
– Vingt-et-un-marks et trente pfennigs ! Un scandale ! Vingt-et-un marks trente pfennigs et vous êtes quarante-deux ! Si je fais un calcul rapide, ça fait une moyenne de cinquante pfennigs… et certains n'ont pas donné par-dessus le marché !

Elle lut le nom de ceux qui n'avaient pas participé à la collecte en leur intimant l'ordre de se lever pour s'expliquer :
– Limbrunner Benedikt ! Le dénommé Limbrunner dit en se levant que son frère, en première, avait déjà donné, elle le dévisagea mais n'insista pas. Il se rassit.
– Grobauer Alfons ! Le susnommé Alfons extirpa avec peine ses longues jambes croisées sous son pupitre et se mit debout dans l'allée, perdu dans ses pensées ; puis, sans ciller, dit que les provisions qui avaient été conservées dans son garage pour les Allemands de l'autre côté avaient pris l'humidité, que son père allait les mettre à sécher et qu'il les enverrait en personne.
– Assieds-toi, c'est bon.
– Attenberger Ferdinand ! Tu n'as pas honte, Ferdl ? Ou bien tu n'as pas de cœur ?
Attenberger devint rouge comme une tomate et il chuchota qu'il avait demandé à sa mère et qu'elle ne voulait pas lui donner d'argent de poche, et quand il avait demandé une seconde fois, elle avait demandé pour quoi faire et il l'avait expliqué et son père avait entendu et il avait dit… il avait dit…
– Qu'est-ce qu'il a dit ?
– Mon père a dit qu'il ne voulait rien donner pour les communistes.

Mme Weiβ piqua un fard et, d'une voix grinçante, lui lança un « as-sis ! » qui ne laissait planer aucun doute sur l'état avancé de sa contrariété.

Le jeune garçon entendit son nom, se leva, fut sur le point de répondre, elle ne lui en laissa pas le temps, elle savait bien que tous avaient de l'argent de poche de leurs parents, ils préféraient le dépenser en bonbons, en bagatelles, il ne restait plus rien pour les sœurs et les frères de l'Est, ajouta-t-elle en le regardant droit dans les yeux. Il faillit en avaler son chewing-gum, ce morceau infâme qu'il collait sous sa chaise avant de quitter la salle de classe et remettait dans sa bouche le matin. Il lui durait une semaine.

– Assis ! Bernlochner Zacharias !

Ce dernier s'avança, un paquet de farine à la main, mais comme l'emballage n'était pas très étanche, il perdit un filet de farine qui tomba par terre, elle lui ordonna de reculer et un autre filet de farine s'échappa, Bernlochner ne comprenait pas pourquoi elle lui demandait de repartir à sa place, il fit demi-tour, un dernier filet de farine tomba, il y avait des traces blanches partout, il dut aller chercher une serpillière pour nettoyer le chantier. Avant qu'elle ne reprenne sa liste, Joseph Stinglhammer s'empressa de lui demander si une veste en feutre de laine bavaroise qui venait de son grand-père et un *Dirndl*[67] de sa mère conviendraient.

– Bien sûr, à condition qu'ils soient propres et encore mettables.

---

[67] Costume traditionnel, composé d'un corsage, un corselet, une jupe courte et ample et un tablier, porté en Bavière et en Allemagne du Sud.

Pendant que Bernlochner faisait le ménage à quatre pattes, Mme Weiβ s'en prit à Xaver Hödl, un demi-pensionnaire. S'il n'avait pas donné, c'est parce que son père devait économiser l'argent en vue du mariage de sa sœur, mais à la récré, il racontait à qui voulait l'entendre que son père mettait son fric de côté pour s'acheter une nouvelle bagnole

– Ah, oui, je n'avais pas pensé au mariage de ta sœur, répondit-elle en opinant du chef. De guerre lasse, elle ne chercha plus à savoir pour quelle raison la quête avait été un échec dans sa classe. Elle cita pour l'exemple Joachim Litzle, Adolf Baltruschat et Marek Dschwinski, les récompensa d'une carte postale sur le recto de laquelle était photographiée une pelleteuse arrachant une motte de terre ; à côté, étaient écrits les mots suivants : *Ce doit être ça, l'Allemagne tout entière.* Anton Probischel en eût mérité une, mais son stock de cartes était épuisé.

L'heure n'était pas entièrement écoulée, Mme Weiβ eut le temps de fixer la date d'une composition, de faire prendre à ses élèves une copie double : vite, vos nom et prénom en haut à gauche, la date à droite, résumez les deux dernières strophes de *Das Glück von Edenhall.*

À Noël, le jeune garçon fut accueilli quelques jours à Hambourg, chez Tante Christelle et Tante Susi, il prit Muschi dans ses bras mais le chat ne jouait plus avec lui comme avant, il préférait aller à la pêche au poisson rouge en trempant sa patte dans l'aquarium, malgré les coups de balai récurrents de Susi. Muschi allait se réfugier sous le buffet, comme d'habitude et repartait à la pêche dès que sa maîtresse avait le dos tourné. Le jeune garçon ne se sentit plus à sa place dans l'appartement étriqué, il s'ennuya un peu, puis il partit en train chez sa mère à Stuttgart. Ils allèrent au restaurant tous les deux, elle le laissa choisir un plat sur le menu, il avait gardé son béret sur la tête, enlève-le, lui dit-elle. Il hésita, il avait honte de sa coupe de cheveux, Greta avait paru horrifiée quand il s'était découvert la tête lors de son arrivée, il avait tellement changé.

Les semaines et les mois s'enchaînèrent, le jeune garçon s'entraînait à résister, il attendait patiemment le mois de juin, lorsqu'il rentrerait enfin chez lui. Environ deux semaines avant la fin de l'année scolaire, il reçut une lettre de la maison :

Mon cher fils, il se trouve que l'année scolaire touche bientôt à sa fin et tout s'est si bien passé lors de notre séjour précédent en Yougoslavie que nous envisageons d'y repartir pour les vacances, cette fois avec

Peter et Anneliese[68], de Hambourg. Nous ne voudrions pas t'imposer un aussi long voyage, d'abord tu supportes mal les longs trajets en voiture, tu ne pourrais pas lire en pleine chaleur sur la route ; de plus, la voiture est pleine avec quatre adultes et les bagages, non seulement dans le coffre mais aussi sur l'un des sièges arrière. Donc nous allons procéder ainsi :

Tu vas prendre un billet de train pour Munich, tu recevras l'argent entre-temps, cela t'épargnera un interminable périple en chemin de fer et tu n'as pas besoin de t'occuper de la réduction ; dépêche-toi de me dire à quelle heure tu arriveras afin que nous puissions aller t'y chercher. Nous te conduirons ensuite à Kochel-am-See chez la famille Müller, ce sont des amis de longue date, je voulais t'y envoyer aux vacances dernières. Cette année, leur fils Rudi sera présent, c'est un très gentil garçon d'à peu près ton âge, avec lequel tu t'entendras bien, c'est sûr, il sait déjà ce qu'il veut faire plus tard, garde-forestier, il pourra t'emmener en randonnée dans les sentiers montagneux, moi qui suis chasseur et randonneur, je t'envie et je te l'avoue, suis un peu jaloux !

Six semaines dans la famille Müller te feront le plus grand bien. Comme tu peux l'imaginer, nous ne resterons pas aussi longtemps absents mais ce n'est pas simple d'organiser à l'avance notre emploi du temps, quand tu rentreras, nous examinerons tout cela de vive voix, et si tu veux que ça marche comme sur des roulettes, tu peux aussi apporter ta contribution dans nos futurs arrangements…

Le jeune garçon ne poursuivit pas sa lecture, il plia la lettre en quatre et la glissa dans sa poche.

---

[68] Anneliese est la sœur de Margot, Peter son mari.

Vacances d'été chez les Müller

La Mercedes s'arrêta dans un lotissement neuf, en face d'une maison semblable à toutes les autres. Les voyageurs étaient manifestement attendus car une femme vint à leur rencontre en s'essuyant les mains sur son tablier à fleurs avant de remettre son chignon en place.

– *Grüß Gott!* Bonjour Mesdames, bonjour Messieurs, et elle serra la main de chacun, Tante Margot et Tante Anneliese ne prirent pas la peine d'ôter leurs lunettes de soleil, le jeune garçon, Bimbo, comme l'appelait Anneliese, la salua comme on le lui avait appris, en se courbant en avant.

– Ah ! Et voici Monsieur votre fils, comme il a l'air aimable ! Mme Müller se retourna en direction de la cuisine et s'écria :

– Jörgl ! Où te caches-tu ? Viens ici !

M. Müller s'approcha, la démarche incertaine ; non seulement il boitait mais il exécutait un arc de cercle de la jambe droite pour avancer. Son œil droit regardait dans le vide, il avait un trou profond dans le front, et un autre dans la mâchoire inférieure. Il leva le bras gauche en guise de salutation ; le bras droit, au bout duquel pendouillait une main gantée de noir aux doigts recroquevillés, était paralysé. À la place des mots ce furent des postillons qui jaillirent de sa bouche. Butant sur chaque syllabe, il finit par prononcer : B-b-b-o-nn-j-jouur, m-mm mes a-aa-m-m-is. Kurt détourna les yeux, M. Müller n'était plus l'homme fringant qu'il fréquentait quinze ans auparavant…

Mme Müller les invita à entrer prendre une tasse de café… ou une bière ? mais ils refusèrent, nous ne voulons pas nous attarder, nous ne voulons pas prendre racine ! Nous avons une longue route à parcourir, ce disant, Kurt ouvrit le coffre, en sortit la valise du garçon et la posa par terre. Il prit Mme Müller à part et lui remit quelque chose, une espèce d'enveloppe, ah, mais je n'ai besoin de rien, voyons, protesta-t-elle, mais elle la glissa dans la poche de son tablier, comme ça l'affaire est réglée, expliqua en Kurt en riant.

Tante Anneliese donna une tape amicale sur le haut du crâne du gamin, amuse-toi bien, Bimbo ! L'oncle Peter et la tante Margot l'imitèrent, son père lui dit : hauts les cœurs, *Filius*, sois bien sage ! Et que je n'entende pas de jérémiades ! Il se dirigea vers la voiture, plaça le sac de tente à l'endroit où était assis son fils, vérifia que le coffre était bien fermé et s'installa au volant. Les vitres se baissèrent, des bras tendus s'agitèrent, le conducteur klaxonna, la Mercedes démarra, le jeune garçon fit au revoir de la main, Mme Müller secoua son mouchoir en l'air et M. Müller salua en levant le bras gauche.

Mme Müller s'empara de la valise et dit : on y va. À l'intérieur de la maison flottait une odeur de bois frais et d'encaustique. Elle l'emmena dans la chambre de Rudi et lui montra où il dormirait : sur un canapé qui tenait lieu de lit. Rudi est encore chez ses grands-parents à Benediktbeuren[69], lui expliqua-t-elle, il reviendra bientôt.

Elle ouvrit la valise et voulut ranger ses affaires dans l'armoire mais se ravisa :

– Oh, là, là ! mais c'est du linge sale, tout ça, fit-elle en reniflant une chemise, puis en inspectant le reste des vêtements, elle se rendit compte que le jeune garçon n'avait pas d'habits de rechange. Le lendemain, elle alla à la coop lui acheter un maillot de corps ... jaune citron pour deux marks. Il était trop grand pour lui, après plusieurs lavages, il rétrécira, tu verras, il deviendra jaune tendre, mais il entendait Rudi ricaner à chaque fois qu'il le portait : tu ressembles à un canari ! Y'avait plus qu'à encaisser, Rudi avait treize ans, le dépassait d'une bonne tête et c'était un costaud.

Le soir, avant de dormir, Rudi lui dévoilait ses biceps et le laissait les tâter quand il les gonflait, tu vois, quand tu auras les mêmes on pourra vraiment discuter. Le jeune garçon devait reconnaître que oui, il avait en plus des fesses décharnées… il faut que tu les muscles, les avoir rondes et dures comme les miennes, c'est-à-dire

---

[69] Commune de Haute-Bavière, où est située une abbaye bénédictine fondée au VIIIe siècle.

comme de grosses quetsches, ajouta Rudi. Lorsqu'ils étaient au lit, ce dernier avait pris l'habitude de clamer qu'il fallait des fesses solides pour péter, il en donnait la démonstration puis secouait son édredon afin d'évacuer l'effluve immonde qu'il avait lâché, il défiait le jeune garçon d'en faire autant, celui-ci essayait en vain, et Rudi, charitable, constatait qu'il avait besoin d'un plus gros cul à mettre dans son pantalon pour arriver à un tel exploit. C'est peut-être bien d'être mince, mais ça sert à quoi ?

Lui, il sait en faire, des choses ; par exemple, partir en randonnée toute la journée par n'importe quel temps, sous la pluie ou en plein soleil, ça fait suer, mais c'est bon, construire une hutte pour y dormir la nuit, escalader les rochers avec mon bâton de bénédictin, arriver au sommet du Rabenkopf à 800 m d'altitude ou plus haut encore au Jochenberg[70], à 1569 m et de là-haut, contempler tout le paysage environnant ; à chacun de ces sommets, il y a une croix et au pied de la croix, dans une boîte, un livre d'or où chacun peut écrire son nom et la date de son ascension. Moi, je l'ai fait ! Ensuite on redescend en longeant un chemin étroit, à pic.

Après qu'il eut vanté ses escalades dans les montagnes, Rudi évoqua ses voyages avec un groupe *Heliand*[71], on a même pris le train jusqu'à Altötting pour aller voir la Vierge noire[72], puis on a campé, c'est moi qui ai porté la tente, et la couverture de papa en vraie

---

[70] Le Rabenkopf et le Jochenberg font partie des Alpes bavaroises.

[71] Heliand : poème épique qui raconte la germanisation de l'histoire du Christ. Il n'est pas impossible que le fondateur du groupe en ait adopté le titre.

[72] Altötting, dans le Piémont bavarois, est un centre de pèlerinage depuis le IXe siècle. Une belle Vierge noire à l'enfant se trouve dans une chapelle.

fourrure de singe, et c'est clair, c'est moi qui ai aussi porté la banderole avec des losanges bleu et blanc et une croix noire, c'est moi le chef parce que je suis le plus fort, mais Aloïs Hofmaier, il voulait aussi la porter, alors je la lui ai prêtée ; le soir, on a fait un feu de camp, on a chanté des chants religieux, accompagnés à l'harmonica, le matin, on s'est baignés dans un ruisseau où l'eau était glacée, on a dû garder nos sous-vêtements. On a organisé des parties de chasse aussi, c'est extraordinaire d'observer un cerf ou un chamois, de loin…

Le jeune garçon dit qu'il aimerait bien observer un chamois un de ces jours, ah, non, l'été, ça ne marche pas, il y a trop de monde, trop d'activités avec les randonneurs. Peut-être que si tu reviens une autre fois dans l'année. Le jeune garçon répondit qu'il n'en savait rien.

L'après-midi, Rudi s'en allait en vélo avec ses potes, lui, il ne pouvait pas l'accompagner, il n'avait pas de bicyclette et Mme Müller avait besoin de la sienne, de toute façon, la selle était bien trop haute, donc il restait allongé dans l'herbe dans le jardin à lire ce que son hôtesse voulait bien lui apporter de sa bibliothèque, *Le roi des Edelweiss*[73], il aurait préféré des ouvrages sur l'Afrique ou l'Arctique ou encore ceux qu'il avait vus sur le rayonnage intitulés *Livres de voyages et d'aventures*, mais elle refusait de lui en prêter sous prétexte qu'elle les avait reçus des mains propres de l'auteur, le Professeur Colin Ross[74], qui les lui avait dédicacés : *Le Führer est l'aiguille sur la balance de l'histoire mondiale, à ma chère Mme Müller,*

---

73 Roman de l'écrivain allemand Ludwig Ganghofer (1855-1920).

74 Dr Colin Ross, né à Vienne, auteur et conférencier, ami personnel de Baldur von Schirach.

avec mes amitiés, Heil Hitler ! Dr Colin Ross. Elle souligna les mots de son index, referma le volume dont le titre *Le monde sur la balance* était écrit en gros caractères et le remit dans la bibliothèque. En refermant la vitre, des larmes coulèrent sur ses joues, elle soupira : ça fait juste onze ans cette année qu'il s'est suicidé avec sa femme à Urfeld[75].
– Et pourquoi ? demanda le jeune garçon.
– Tu ne pourrais pas comprendre, répondit-elle en s'essuyant les yeux avec son mouchoir.

À midi, ils étaient toujours à quatre. Soit ils attendaient M. Müller qui travaillait à mi-temps comme concierge à la centrale hydro-électrique de Walchensee, soit ils déjeunaient à 11 h 30 quand il était de service l'après-midi. Il y avait souvent de la poitrine de porc ou du jarret avec des boulettes de pommes de terre ou bien du chou rouge avec des boulettes de viande, c'est ce que préféraient Rudi et son père. Sa femme devait tout lui couper en petits morceaux et si ça n'allait pas assez vite, il se mettait à brailler, le visage empourpré, tapant sa chope de bière sur la table pour réclamer à boire, Rudi se levait en vitesse pour le resservir.

Un jour, alors qu'ils étaient à table et que Mme Müller était dans la cuisine, ils l'entendirent s'exclamer Jésus, Marie, Joseph, voici Robil qui arrive d'Urfeld ! Rudi se précipita dehors, suivi du garçon. Un jeune homme d'environ dix-sept ans appuya sa bicyclette contre la clôture du jardin, à peine se redressait-il que Mme Müller surgit et le prit dans ses bras, mon cher, cher garçon, il se laissa faire et lui adressa les plus cordiales salutations de

---

[75] Ne supportant pas la défaite, il mit fin à ses jours au domicile de Baldur von Schirach, le 29 avril 1945.

la part de sa maman à sa fidèle Sepha Müller. Celle-ci s'empressa d'ajouter une assiette qu'elle remplit de boulettes de viande et de chou. Avait-il des nouvelles de son papa[76] ? Est-ce que le chef ne manquait de rien ? Comment allaient ses frères et sœur ? Tout en mâchant et se dégageant le visage de ses mèches de cheveux bruns, Robert, surnommé Robil, répondit qu'il écrivait des lettres à son père régulièrement, que Richard désirait aller passer des vacances à Berlin avec Anschi[77], Klaus, lui, s'était acheté une Volkswagen, il roulait comme un fou en ville, Mme Müller se frappa les mains au-dessus de la tête, Jésus, Marie, si ta mère savait ça ! Et toi, qu'est-ce que tu fais de beau, tu as des projets ? J'ai l'intention de passer le concours pour devenir chasseur, répliqua-t-il avec résolution.

Il connaissait pas mal de choses en théorie sur le gibier, la protection de la nature et tout ça, maintenant il lui fallait passer l'examen pratique sur le terrain de chasse, démontrer qu'il savait manier les armes. Rudi en savait un bout là-dessus, les types de cartouches, les avantages et les inconvénients de tel ou tel calibre, du 45 pour le gibier moyen, du 10,3 pour le gros, au moins une Winchester 300 magnum ou au moins le Remington de 7 mm M à répétition, chargeur unique, il avait lu ça dans un livre de l'écrivain Bengt Berg qui racontait une chasse à l'éléphant lors d'un safari en Afrique.

M. Müller écoutait la conversation dans un état d'extrême tension, il écarta le pavillon de son oreille

---

[76] Baldur von Schirach.

[77] Diminutif d'Anna.

gauche pour le diriger vers Robert et déglutit comme s'il voulait dire quelque chose, mais rien ne sortit de ses lèvres qu'un sifflement humide. Il fit rouler son œil gauche tel un dément qui refuse d'enfiler une camisole de force, frappa sa main gauche sur la table, sa femme lui caressa l'arrière de son crâne, tout va bien, reste calme, garde ta contrariété pour toi, il réitéra le geste pour lui signifier qu'elle se taise, il était de bonne humeur avec les jeunes, qu'elle en prenne acte.

Après le repas fut organisée une promenade à bicyclette jusqu'au bord du lac. Robert autorisa le jeune garçon à s'assoir en travers de la barre de son vélo de course *Hercules,* les jambes du côté gauche afin que le champion puisse actionner le levier de sa boîte *Simplex,* à dix vitesses, tu fais gaffe à bien tendre les jambes pour qu'elles ne viennent pas se mettre dans les rayons, compris ? Compris ! Il eut même le droit de tenir le guidon, avec les deux mains sur les freins, hormis dans les virages, c'est trop dangereux, il faut que t'enlèves tes mains et te faire tout petit pour que je puisse rouler correctement. Compris !

Lorsqu'ils atteignirent la Mittenwalder Straβe, au pied d'une côte, Robert s'arrêta, le gamin descendit, le champion remonta sur sa selle et s'élança d'un vigoureux coup de pédale. Le chemin s'arrêtait au bord du lac, près d'une auberge « Au Pêcheur ». Robert était mort de soif, Rudi aussi ; ils s'installèrent sous les marronniers à une longue table en bois aux bancs dépourvus de dossiers, orientèrent les parasols de façon à rester à l'ombre, tout en profitant du bon air estival, expliquèrent-ils à la serveuse d'un ton moqueur.

Robert commanda deux chopes de bière et une limonade pour le gamin. Dès que la serveuse fut partie, Rudi lança une grivoiserie à son égard, t'as vu comme elle est bien roulée, on a envie de s'approcher et de lui tripoter les seins, comme Gisela à la poste d'Urfeld ou encore Salli à l'auberge Hacker de Gotteszell. Robert dit que l'auberge

Hacker n'était pas très loin d'une cave en Basse-Bavière où il était allé à plusieurs reprises avec des amis, il s'était ramassé une de ces cuites un soir, ses copains avaient dû le ramener chez lui.

Lorsque Rudi voulut régler l'addition, Robert sortit de sa poche un mouchoir qu'il avait noué en forme de bourse, il le dénoua et laissa tomber un tas de vieux pfennigs sur la table, il compta la somme réclamée et donna les pièces à la serveuse, il y a le compte, naturellement, ajouta-t-il avec un sourire de complaisance. Un instant, je vais chercher le patron, répondit-elle en s'éloignant d'un pas hésitant. La salope, s'exclama Rudi ; elle est gonflée, ajouta Robert, elle a même pas attendu que je lui explique pourquoi ces pfennigs sont si moches ; figure-toi que je les ai repêchés au fond du lac il y a des années de ça, j'étais tout môme, la caisse du loueur de bateaux était tombée à l'eau ! Le gars m'a fait cadeau du butin.

Le patron s'approcha de leur table en retroussant les manches de sa chemise à carreaux et s'essuyant les mains sur les jambes de son pantalon. Il se pencha sur les pièces, les examina, en prit quelques-unes dans sa main, je ne veux pas de ça, vous croyez peut-être que je peux rendre de la monnaie pareille à mes clients, gardez vos sales pièces ! C'est quoi votre nom, d'abord ? Robert le lui dit.

– Celui du Schloβ Aspenstein[78] ?

– Tout juste, tout juste. Le patron demeura interdit.

---

[78] Schloss Aspenstein à Kochel-am-See était la propriété de Baldur von Schirach. C'est devenu un hôtel.

– Ah, bon, ah, bon, répéta-t-il en inclinant la tête avec respect. Walli, viens ici nous apporter à boire!
La serveuse rappliqua, des chopes de bière sur son plateau, qu'elle déposa sur la table.
– Encaisse et donne l'argent à l'apprenti, le petit aux cheveux gominés. Puis se tournant vers les trois jeunes gens :
– C'est un grand honneur, Messieurs.

Lorsque la chaleur fut intense en ce mois de juillet 1956, Mme Müller proposa à son fils d'emmener le jeune garçon à la piscine, afin qu'il ne passe pas tout l'après-midi dans le jardin à résoudre des casse-tête – échec et mat en trois coups – ou à feuilleter les pages du *Münchner Illustrierte* dont les couvertures exhibaient les poitrines épanouies des «sex-symbols» Sophia Loren, Jayne Mansfield, Anita Ekberg, la jolie Brigitte Bardot et aussi Marianne Koch. Toute la matinée, il était occupé à lire de nouveaux livres, tandis que Rudi tapait dans son ballon. « Non », répondit celui-ci, il n'en avait vraiment pas envie. La piscine, c'était trop loin, le garçon n'avait pas de vélo et ça ne lui disait rien de devoir l'accompagner à pied. Mme Müller tenta de raisonner son fils, il devait se comporter avec un peu plus d'égard envers leur invité mais Rudi refusa une fois de plus d'y aller à pied. Finalement un accord fut conclu : le fils Müller roulerait au ralenti pour que le jeune garçon puisse marcher à ses côtés. Son maillot de bain, sa serviette et sa bouée en caoutchouc furent accrochés sur le porte-bagages, coincés entre les affaires de Rudi. Mme Müller donna de l'argent à son fils : surveille bien le gamin, faites bien attention à vous !

Au début, Rudi actionnait les pédales très lentement et le garçon trottinait à côté mais bientôt, cette allure l'agaça et il accéléra, pourvu que l'autre idiot marche assez vite pour voir où il devra tourner. Le pauvre idiot fut contraint de courir à petites foulées afin de rejoindre Rudi à la caisse. Une foule dense était déjà rassemblée à la piscine, aménagée dans l'anse d'un lac dont la rive était une longue prairie plantée d'arbres, couverte de taupinières, garnie de cabines en bois en bordure de la départementale et, au bord de l'eau, d'un ponton de planches grises et humides. À son extrémité, un maître-nageur, assis à une table ronde sous un parasol, observait le lac à travers ses jumelles. Les moins aventureux pouvaient descendre les barreaux d'une échelle à proximité du ponton. La plupart des gamins se laissaient tomber dans l'eau et s'aspergeaient en criant ; quand le vacarme dans son dos était trop assourdissant, le maître-nageur se retournait, se mettait à brailler et les gamins se taisaient aussitôt.

Rudi se dirigea vers ses copains, qui l'accueillirent d'un salut affligé : y'a pas de filles à reluquer ! Bien que la chaleur fût étouffante, ils décidèrent d'organiser un match de foot sous les peupliers. Rudi fut bien obligé de prendre le jeune garçon dans son équipe mais il s'avéra assez vite que ce dernier ne savait ni dribbler ni servir de défenseur, c'est une merde, entendit-il un copain de Rudi s'exclamer, il faut qu'il se casse. Il eut donc le poste de remplaçant et prit position sur le côté, courant derrière le ballon quand il était dévié vers le lac. Le bruit s'intensifia, les va-et-vient incessants finirent par exaspérer des dames qui jouaient au volant, l'une d'elles alla se plaindre au maître-nageur qui dut se lever de son fauteuil en osier et laisser sa chope de bière en plan. Il mit sa casquette blanche sur son crâne dégarni, enfila un maillot de corps à rayures bleues et blanches avant de se diriger d'un pas énergique vers les perturbateurs. Schlap, schlap, schlap, schlap, résonnèrent ses tongs sur les planches mouillées du ponton.

Attention, dirent les potes, voilà le garde-chiourme ! Et ils disparurent dans les chiottes derrière les cabines ou se jetèrent à l'eau pour se mêler aux baigneurs. Lorsque l'homme fut sur place, il n'y trouva que le jeune garçon indécis, le ballon à ses pieds et se mit à l'engueuler, ce n'est pas lui, cria une dame, ce sont les autres, les pedzouilles ! Le maître-nageur ramassa le ballon, s'éloigna en marmonnant, alla déposer son butin à la caisse et regagna son fauteuil à l'extrémité du ponton. Rudi et ses potes restèrent introuvables, ce qui arrangea le jeune garçon, il n'aurait pas à leur raconter l'incident.

Il décida d'aller se cacher dans l'eau, mit entre les lèvres le tube en plastique de sa bouée pour la gonfler en une belle tortue, bien pratique car s'il se tenait au poteau en même temps, il pouvait la mettre sous le menton et battre des jambes. Il évita le côté gauche du lac où une horde d'autochtones se disputaient une place sur un énorme pneu de tracteur ; il se glissa sous le ponton, de l'autre côté, personne, il avait l'espace bien à lui. Un léger courant le surprit, il dériva, l'eau devint plus froide, d'un froid désagréable qui lui donna des crampes dans les mollets, il lui fut impossible de les remuer, il enlaça le corps de la tortue mais elle lui bouchait la vue et il n'arrivait plus à respirer, il cria au secours une fois, but la tasse, cria encore au secours ; le cri attira l'attention du maître-nageur qui s'empara de ses jumelles, sauta dans un canot pneumatique et se dirigea vers l'étrange animal qui frétillait dans l'eau. Les autres baigneurs regagnèrent la rive pour assister à la scène de sauvetage : aidé de deux garçons, l'homme fit monter le mioche dans le canot et le ramena vers le ponton. Frigorifié, lèvres bleuies, bras raides et jambes tremblantes, il eut toutes les peines du monde à gravir les barreaux de l'échelle, les sauveteurs le poussèrent aux fesses, à peine se retrouva-t-il sur les planches que le garde-chiourme lui montra d'un doigt les cabines, va te changer, bon à rien, dit-il en lui lançant sa bouée.

Lorsque le garçon fut habillé, Rudi réapparut mais refusa de raccompagner cet avorton jusqu'à la maison, qu'auraient pensé ses copains, il trouverait bien son chemin tout seul.

Au dîner, Rudi raconta à ses parents que le maître-nageur avait confisqué le ballon de Wilfried Karrer, il était furax, c'était son cadeau de Noël. Et lui, ajouta-t-il en se tournant vers son voisin de table, il est allé nager du côté interdit, Ludwig Rammer et Alfons Sellner ont dû le tirer de l'eau et le ramener en canot, le garde-chiourme a râlé, tout le monde a entendu. Mme Müller murmura Jésus, Marie, Joseph et M. Müller blêmit en crachotant ouille, ouille, ouille !

Trois semaines plus tard, le jeune garçon reçut la carte postale d'une ruine superbe sur fond de soleil couchant, au recto était imprimé : *Spljet* et autre chose d'incompréhensible, le timbre était bleu décoré d'un homard rouge. Il lut le texte : « Il fait un temps magnifique, nous nous baignons plusieurs fois par jour et mangeons des langoustes. Bons baisers ! » suivis de quatre signatures : Margot, papa, Anneliese, Peter.

P.S. Le retour à l'internat est réglé, Mme Müller est prévenue.

Les années suivantes au pensionnat

Elles commencent, se terminent, recommencent, semblables aux précédentes, avec leurs événements particuliers, l'adolescent a changé, il a pris ses repères, sait à quoi s'attendre, proteste à sa manière, fait bloc avec un groupe de copains, en particulier Normann et Andy qui sont régulièrement réprimandés par Mme Weiβ. Le professeur d'anglais a réitéré sa menace d'une sévère punition, ils n'ont toujours ni carnet de vocabulaire ni de couverture à leur livre. Copie de la liste des verbes irréguliers et privation de cinéma, en fin de semaine, ça leur apprendra ! Aucune importance, Anton Seckmüller, dont le père est propriétaire d'un cinéma à Rottalmünster regarde des films interdits aux moins de seize ans le samedi soir et lorsqu'il revient le lundi matin, il les raconte à ses camarades. Dans les détails les plus salaces, les scènes de baise, et tout le reste.

L'adolescent, de nature fragile, est assez souvent patraque ou tombe malade, le médecin lui prescrit des médicaments, s'il mange davantage, il se portera mieux, il va prendre un fortifiant pendant une quinzaine de jours… Ces cachets soulageront ses maux de ventre. Il a attrapé une mycose au pied ? Ça vient des douches, jeune homme, les douches mal nettoyées… Il n'a qu'à suivre ce traitement, très efficace. Le Dr Helmut Goetze inscrit le nom du produit sur la feuille de soin. L'adolescent est devenu un patient familier ; le toubib rédige ordonnance sur ordonnance, mais ce n'est pas une raison pour le tutoyer ni lui adresser la parole à la troisième personne. Il a des verrues aux mains ? Le médecin lui conseille un remède qui a fait ses preuves, mais l'adolescent ne va pas se le procurer à la pharmacie.

Il a une meilleure idée : il va piquer un flacon d'acide dans l'armoire du laboratoire de chimie, en verse quelques gouttes sur ses verrues. Le liquide brûle la peau, l'effet est radical, les papillomes disparaissent, mais en dessous, les plaies s'infectent, cuisantes. Des mois plus tard, il regarde avec satisfaction les petites cicatrices à la surface de son majeur et de son annulaire. Il est fier de s'être infligé cette torture, fier d'avoir vaincu un mal de lui-même, fier d'avoir souffert, souffrir provoque en lui un délice malsain.

En février 1956, les fleuves et les rivières gèlent. Il n'a pas fait aussi froid depuis deux cents ans, lit-on dans les journaux. On vient de recenser deux cents morts, toute l'Europe est atteinte, jusqu'au sud de la France et même l'Italie. Le Rhin et le Danube sont pris dans les glaces, d'immenses blocs de glace, les voitures circulent peu, les journées, courtes et silencieuses, vont au ralenti, les sorties sont restreintes mais les promenades restent de rigueur au pensionnat, ainsi que les cours de gymnastique, seulement l'adolescent n'a pas de gants.

Il n'aurait jamais cru que l'on pût attraper aussi froid aux mains, elles se couvrent d'engelures, il ne dit rien, il court comme ses camarades, il n'aurait jamais cru qu'en l'espace d'une heure et demie, il eût pu courir aussi loin, les mains glacées, cramoisies. Il eût été raisonnable de suspendre ces sorties en plein air lorsque le thermomètre descend bien au-dessous de zéro. Mais non, le professeur ne s'inquiète pas des gerçures sur ses doigts.

Le jeune garçon, maigre comme un clou, n'a pas prévu les suites de ce coup de gel. Une fièvre terrible le saisit, il est envoyé à l'hôpital des Sœurs de la Charité, administré par Sœur Notburga. Un prénom qui lui sied, tant elle est dévouée à sa tâche. Elle lui raconte l'histoire de la sainte femme, Notburga de Rattenberg, patronne des serviteurs et des paysans, qui soigna sa maîtresse Ottilia jusqu'à la mort de cette dernière, jadis, en Autriche. Cette histoire ne le rassure guère.

Il est placé dans une chambre à dix lits, tous occupés, les autres malades ont mauvaise mine, il ne les connaît pas, l'un d'eux appelle une sœur pour qu'elle sépare les lits collés les uns aux autres. Des odeurs fétides et suaves se répandent dans la pièce exiguë, mêlées de relents d'éther. L'adolescent, allongé entre des draps trempés de sueur et de larmes, se mord les lèvres jusqu'au sang, poings serrés, front plissé, yeux clos.

Le surveillant Klaus est bien obligé de rendre visite au jeune malade, alité depuis plus de huit jours, ça fait partie de ses fonctions... Il lui apporte un paquet de gâteaux, rances, infects. Le gamin les mangeotte en sourcillant à peine. Il se remet peu à peu, quand la fièvre a entièrement baissé, il est autorisé à rentrer au pensionnat.

Dans une lettre impeccablement tapée à la machine par sa secrétaire, Kurt exprime son étonnement : comment se fait-il que son fils doive se rendre chez le médecin si souvent ? Qu'est-ce que ça veut dire, toutes ces factures qu'il reçoit du cabinet médical ? Qu'est-ce qu'il doit comprendre ? Est-ce que le gamin va se rendre chez le toubib dès qu'il attrape un petit bouton ? Doit-il envisager de contracter une assurance supplémentaire au cas où il aurait l'idée de subir une intervention de chirurgie esthétique ?

Et puisqu'on aborde le sujet, il lui semble à lui, son père, que huit marks par mois pour un garçon de son âge est amplement suffisant, d'ailleurs il ne lui a pas encore dit comment il a dépensé la somme ni ce qu'il a l'intention d'acheter d'autre, l'adolescent prendrait-il son père pour un Crésus ? Dans la prochaine lettre qu'il lui écrira, il aimerait avoir un décompte précis de tous ses achats afin de vérifier s'il dépense son argent à bon escient. Pourquoi recevrait-il de l'argent de poche alors qu'il lui écrit sur un papier aussi moche ? Il exige un papier à lettres convenable ! Et en parlant de lettre, il aurait intérêt à faire moins de fautes d'orthographe s'il veut aller au lycée un jour, il faudrait qu'il progresse dans ce domaine. Et améliorer son écriture épouvantable, de vraies pattes de mouche !

Dans une lettre suivante, Kurt évoque les résultats scolaires et le rapport du surveillant Klaus ; celui-ci parle de punitions récurrentes, qu'en est-il exactement, il aimerait avoir quelques explications à ce sujet. Bon, il reconnait que son fils a obtenu de bonnes notes en allemand et en économie, on peut donc tirer quelque chose de bien de lui ! En revanche, il apprend, toujours du même bonhomme, que son gamin est déprimé. Déprimé ? Il ne peut pas comprendre ça, il n'a vraiment aucune raison de se plaindre et d'être grincheux, l'année est presque terminée, non ?

Ce que le surveillant n'a pas révélé au père, c'est la double tentative de fugue de son fils au cours du dernier trimestre. À une semaine d'intervalle, le même scénario se reproduit : le jeune garçon essaie de rejoindre sa mère par tous les moyens. À la première tentative, il déambule au préalable dans le hall de la gare, note les horaires de train, les apprend par cœur, mémorise les gares et les changements. Il monte sans billet à bord d'un train en partance pour Passau direction Frankfort, puis il fait de l'auto-stop ; la deuxième fois, il s'est sauvé en courant lorsque le chauffeur d'un poids-lourd a voulu lui tripoter les fesses alors qu'ils se sont arrêtés au bord de la route pour un besoin urgent. Il a emprunté un vélo dans une ferme, a marché encore et encore, pour être finalement rattrapé par les gendarmes qui le ramènent à l'internat.

Le père est absent, en voyage d'affaires. Le directeur prévient sa mère par téléphone, il parle de renvoi, va lui adresser un courrier à ce sujet. La mère lui écrit une lettre, mentionne des soucis professionnels, elle ne peut pas s'occuper de lui en ce moment, ah, mais le renvoi n'a rien de formel, voyons, lui explique le directeur au cours d'un second appel téléphonique, le gamin peut être repris en pension, ça ne pose pas de problèmes. La mère réprimande son fils lorsqu'elle vient le voir : ton trajet de Passau à Frankfort, ce n'était pas vraiment le bon itinéraire, pourquoi ne m'as-tu pas prévenue ?

À La fin de l'année scolaire, l'adolescent reçoit une lettre dactylographiée qui semble calquée sur celle que lui a envoyée son père à la même époque, un an auparavant :

Mon cher garçon,

L'année touche à sa fin et bientôt les vacances auxquelles tu dois aspirer vont commencer. De notre côté, nous nous réjouissons à l'idée de partir en vacances avec Peter et Anneliese ; ils se sont tellement plu en Yougoslavie l'année dernière que nous envisageons d'y retourner et, cette fois, de séjourner aussi sur la côte dalmatienne et aller jusqu'à Dubrovnik, j'ai regardé les prospectus, c'est un vrai bijou d'architecture, la côte est escarpée de rochers qui tombent à pic dans une mer bleu azur. Malheureusement, les vacances de Peter sont décalées et ce serait dommage pour nous de ne pas en profiter, nous allons donc agir en fonction de cette date et partir plus tôt, c'est la raison pour laquelle nous ne pourrons pas t'emmener en voiture à Kochel-am-See.

Nous irons directement vers l'Adriatique et en ce qui te concerne, tout est organisé au mieux. Tu vas prendre le train jusqu'à Munich, ça tu sais le faire, et quand tu seras arrivé à la gare, Mucki, l'une de mes vieilles connaissances, viendra te chercher. Elle t'a déjà emmené te promener quand tu n'étais qu'un marmot de quatre ans, tu pourras lui demander des nouvelles de la mère Angermeier, quelle rigolade ! Tu t'en souviens ? Tu la suivais dans le poulailler et tu voulais savoir combien coûtaient les œufs, ah, ah ! J'ai une entière confiance en Mucki, c'est quelqu'un de très fiable, d'enjoué, quand je vais la voir, elle m'appelle toujours le fridolin ! Mais je crois que je t'ai raconté l'anecdote.

Tu passeras la nuit chez elle, le lendemain matin, elle te conduira à la gare de Holzkirchner, d'où tu prendras le train pour Kochel. Il est essentiel que tu me dises au plus vite l'heure à laquelle tu arriveras à Munich, je t'enverrai l'argent nécessaire et on reparlera des comptes plus tard. L'année dernière, ça s'est très bien passé pour toi là-bas, il n'y a pas de raison pour que cela soit différent. Nous te souhaitons de belles vacances reposantes chez les Müller qui sont heureux à l'idée de te revoir bientôt.
Bons baisers.

Seule la signature, *Vati*, est manuscrite.

Peu de temps après la rentrée 1957-1958, l'adolescent entend à nouveau crier son nom lors de la distribution du courrier. Sa mère lui aurait-elle écrit comme elle le lui a promis ? La lettre vient de Kurt. Il fait part à son fils de son mariage avec Margot, lors d'une visite éclair à Hambourg, chez Peter et Anneliese, tu les connais, n'est-ce pas, eh bien, ils ont accepté d'être nos témoins. Kurt explique à son fils à quel point il est heureux d'avoir épousé une femme jeune et jolie, et surtout, qu'elle ait accepté de l'épouser. Il l'a présentée à ses chefs qui l'ont beaucoup appréciée, et lui, son fils doit également se réjouir car à présent, il peut l'appeler maman au lieu de Tante Margot, ça n'a plus de sens à présent.

Juste avant le Noël de la même année, Kurt eut la bonne idée d'envoyer son fils une semaine à Hambourg chez les parents de Margot : à leur plus grand bonheur, ils élèvent Dieti, le petit chéri de sa mère. Une bonne occasion de faire plus ample connaissance avec ton demi-frère, dit Kurt.

Les journées se déroulaient selon un rituel précis. Après le petit-déjeuner, Opa[79] emmenait Dieti et le jeune garçon en promenade, le bon air frais, ça fait beaucoup de

[79] Papy.

bien, radotait Oma[80] en donnant à Dieti son bonnet de laine, ses gants et une grosse écharpe, il n'avait pas à s'y soustraire, en hiver, on s'habillait comme ça. En outre, il devait obéir à Opa, rouler lentement le long du trottoir sur son vélo avec les petites roues à l'arrière, Margot y tenait, aux stabilisateurs, il était trop jeune. L'adolescent marchait à côté.

Dans la rue, Opa allumait une cigarette et, bien qu'il traînât d'une jambe, il marchait encore d'un pas alerte et tous trois se dirigeaient vers la forêt en empruntant l'Eugen-Richterstraße pour arriver sur le chemin du bosquet où était situé le bistrot. Bonjour, Willi, disait-il en entrant, l'homme derrière le comptoir répondait invariablement : bonjour, ces Messieurs. Ils s'asseyaient à une table sur laquelle trônait un gigantesque cendrier en porcelaine blanche avec une anse où *Table des habitués* était peint en lettres bleu.

Opa commandait un jus de pomme pour les deux garçons et une bière brune pour lui ; Willi servait, dessinait un cercle sur le dessous de la chope, Opa la brandissait, la levait devant lui et avant d'y tremper ses lèvres s'écriait : avec modération, à répétition ! Il donnait quelques pièces aux gamins pour qu'ils aillent jouer aux machines à sous et au billard électrique. Dieti voulait toujours mettre son pfennig en premier alors Opa le faisait grimper sur une chaise et le petit glissait la pièce dans la fente. Il n'arrivait pas à manœuvrer le levier tout seul, le jeune garçon l'actionnait à sa place et enfin les trois billes avec un nombre dessus se mettaient en branle, rien ne se passait, Opa réclamait de la monnaie en tendant

80 Mamy.

un billet vers Willi, et ils jouaient jusqu'à ce que l'argent fût épuisé. Si la bonne combinaison était trouvée, deux ou trois pièces tombaient de l'orifice et il fallait le boucher avec les mains, sinon elles allaient directement par terre.

En regardant les mômes jouer ce jour-là, le bistrotier annonça une bonne nouvelle : il allait recevoir prochainement deux machines électriques, *Les Sept d'Or*, comme ils l'appelaient en Amérique, y'a plus qu'à introduire les pièces et le reste est automatique, expliqua-t-il avec fierté, et un flipper révolutionnaire avec une bille argentée… Lorsque Dieti en avait assez des machines, il allait vers le juke-box dans la fente duquel il essayait de mettre toutes ses pièces en même temps, en envoyant promener le jeune garçon qui tentait de le raisonner. Je viens, hurlait le grand-père depuis la table. Il prenait Dieti dans ses bras et lui demandait d'appuyer sur *Mal du Pays* interprété par Freddy[81]. Après la chanson de Freddy, les mêmes airs étaient écoutés chaque jour, *La Paloma, Rosamonde,* les succès de Vico Torriani[82], mais : de grâce, pas les *Vieux Copains* ni la *Marche de Badenweiler*[83], je ne veux plus entendre ça ! ajoutait-il d'un ton plaintif.

Le jeune garçon semblait fasciné par la façon dont la pince extirpait le disque de son support, se pliait, glissait vers le bas et posait son précieux chargement sur

---

[81] Freddy Quinn, chanteur populaire dans l'Allemagne des années 1950-1960, né en 1931 à Vienne, en Autriche.

[82] Vico Torriani (1920-1998), chanteur suisse, classé en première place des hit-parades allemands.

[83] Marche militaire bavaroise de Georg Fürst (1870-1936), réputée être la marche préférée d'Adolf Hitler. Elle était souvent jouée quand il apparaissait en public.

la platine, puis le bras avançait sur le disque, d'abord muni d'un minuscule pinceau qui ôtait la poussière du saphir et une fois débarrassé du pinceau, se positionnait avec une infinie précaution sur le disque qui se mettait à tourner. Pendant ce temps-là, Opa s'entretenait avec le bistrotier, quoi de neuf, Willi ? Ce dernier s'emparait du *Bild Zeitung* et lisait les titres à haute voix :
– Sissi conquiert le cœur des Allemands… Le Rhin est à sec… La *Bundeswehr*[84] revient…
Opa sursauta :
– Quoi ? On reparle de service militaire ? D'un nouveau régiment, de la discipline ? Nom d'un chien, non, non, non, je suis contre, j'en ai ras le bol, il faut déjà débourser quarante-cinq marks par mois pour une blessure à la jambe, la même somme pour le bras, un pied en moins vingt marks, et un œil de foutu quinze marks et moi, avec ma balle dans le haut de la cuisse, j'ai que dalle, et ça me donne pas davantage pour manger. Ils nous font tous trinquer !

Willi acquiesça, lui apporta un schnaps et de son crayon dessina un nouveau cercle sur le dessous cartonné de la chope. Parfois Pitter, un collègue et voisin, était aussi à la table. Ce jour-là, il dit que les macaronis arrivaient par milliers dans la Ruhr, je ne vois qu'une chose, affirma-t-il, ils prennent notre travail et nous les Allemands, on est au chômage. Et le vandalisme avec tout ça ? Ces demi-portions qui font leur musique de nègres et

[84] Après l'échec de la CECA (Communauté européenne du charbon et de l'acier) pour fusionner ses troupes et créer une armée commune en incluant la RFA, les accords de Paris sont signés en octobre 1954, prévoyant de faire entrer la RFA dans l'OTAN afin d'assurer sa remilitarisation. La *Bundeswehr* est créée en 1956, elle comprend 495 000 hommes.

cassent mes chaises, je n'ai plus qu'à en faire du petit bois !

Les choses en sont là, avant c'était pas pareil, ils étaient bien d'accord là-dessus, l'aubergiste disait que les basanés devaient ficher le camp, il avait perdu sept machines à sous, il s'en voulait, il n'aurait jamais dû les laisser entrer, ces bons à rien, ça lui apprendrait. Quand l'horloge sonnait midi et demi, Opa demandait au cafetier : combien je te dois ? Willi s'approchait de la table, regardait le nombre de bretzels qui avaient été consommés, comptait les jus de pomme et les cercles sur le dessous de la chope, avec modération, à répétition, reprenait alors Opa, comme s'il avait besoin de se justifier. Lorsqu'une pièce de cinq pfennig restait sur la table et que Dieti ne faisait pas attention, Willi la glissait dans la main du jeune garçon.

Sur le chemin du retour, ils s'arrêtaient à une baraque en bois et les garçons avaient le droit d'acheter des sucettes, mais interdiction de les manger tout de suite, si Oma l'apprenait, ils se feraient enguirlander tous les trois !

Le jeune garçon aime par-dessus tout jouer aux échecs – il a trouvé un partenaire de qualité en la personne du professeur Hans Spierz, mais celui-ci participe souvent à des tournois avec son club, à l'extérieur –, alors il s'amuse aux dés. Il s'isole dans son coin, refusant de faire partie de la meute, la bande de potes qui trichent aux cartes, il les observe, pourrait les imiter, c'est sûr, il le fera un jour, il attend son heure. Pendant que les larrons jacassent dans leur jargon bavarois, que Richard Kritz s'enfonce dans les oreilles les écouteurs de son transistor dissimulé sous son édredon dans le dortoir et se vante d'entendre des émissions en direct de Radio Luxembourg ou Radio Monte Carlo, alors qu'en réalité, il ne capte que des radios bavaroises, le jeune garçon espère que ce salopard se fera alpaguer par le surveillant, il fait semblant de se laisser enchaîner par les habitudes mais en son for intérieur, il se déchaîne.

Il se déchaîne avec les autres en écoutant la retransmission du match de foot à Berlin Ouest : Allemagne – Angleterre, il jubile avec les autres, il jure en même temps que les autres, la voix dans la radio hurle : « Faute d'Evans, tir au but, onze mètres ! Onze mètres pour l'équipe d'Allemagne ! » Y'a pas eu faute, l'arbitre est nul ! Ce match, c'est de la merde ! C'est un match amical, l'Allemagne perd 1 à 3. C'est le 26 mai 1956.

Gronde en lui une sourde révolte à laquelle il s'habitue au fur et à mesure que passent les jours, les semaines, les mois et puis les années. Il y a en lui tant de colère rentrée que pendant tout le temps où il sera interne, il serrera les dents pour ne plus pleurer, ce sera un réflexe désormais, combien de fois n'a-t-il pas sombré depuis dans un sommeil traversé de mauvais rêves en serrant poings et dents si fort que le lendemain matin, au réveil, il avait les mains et les mâchoires endolories.

Son attitude lui vaut parfois d'être sermonné ou puni. Il s'en fiche. Il présente de plates excuses. Ils l'ont malmené cette première année au pensionnat, lorsque Margot est venue l'y livrer comme pour se débarrasser d'un colis encombrant. Il était vulnérable alors, petit, blond, mince, très mince, presque invisible au milieu de la meute internée dans cette petite ville. Peu à peu, il s'est révélé, a poussé des gueulantes pour impressionner les autres. Mais après l'heure du coucher, lorsqu'un surveillant faisait sa ronde et éclairait les visages de sa torche dans le dortoir, il a vu des larmes dans les yeux de l'adolescent.

Dans l'internat, c'est chacun pour soi, croire que l'on appartient à un groupe soudé n'est que chimère. C'est écrit sur le papier, en réalité, ça n'existe pas. Chacun joue sa partition en solo. Tout le monde ment. Il apprend tout à fait par hasard que son petit frère Joachim fréquente le même collège que lui depuis un an et vient d'être admis en cinquième tandis que lui commence sa troisième. Dans sa lettre au début du mois de décembre, le gamin avait demandé l'autorisation à son père d'aller passer Noël chez sa mère parce qu'elle le lui avait suggéré. Kurt avait été obligé de répondre, oui, tu peux aller passer Noël avec ta mère et ton beau-père. En lisant la réponse, le gamin avait senti que son père était contrarié. Puis il n'y avait plus pensé. Mais à la fin de ce mois de février, quand Kurt et Margot étaient venus le chercher, Kurt avait laissé libre cours à sa colère en lui criant à la figure : elle n'a pas ta garde, elle ne s'intéresse pas à toi, ni à ton frère d'ailleurs, elle ne t'écrit jamais de lettres, c'est pour se donner bonne conscience qu'elle t'a proposé de venir à Noël ! Et Margot avait ajouté, la preuve, elle a envoyé Joachim au pensionnat, elle n'a pas le temps de s'occuper de lui !

Joachim passe ses week-ends au pensionnat, il est tout seul lui aussi, il a peur la nuit ; à l'étude ou recroquevillé dans son lit dans un autre dortoir, il pleure souvent, personne ne l'a averti que son frère fait partie de la communauté ! Ils se croisent sans se voir, ils se sont si peu côtoyés ! Il est vrai que, dans leur dossier, ils ont une résidence principale différente, le petit à Schwäbish Hall, où habite sa grand-mère, Ilse, et lui à Düsseldorf. Enfin, à Solingen à présent, vu que son père y a fait construire une splendide maison. La vie en appartement, c'est fini pour Kurt, Margot et bientôt Dieti, qui va les y rejoindre. À treize ans à peine, le gamin est amer et désillusionné.

Il compense son manque d'amour et d'affection par un détachement délibéré, des remarques cassantes envers les autres et une agressivité envers lui-même qui se caractérise par d'autres automutilations. Il commence à s'arracher un cheveu après l'autre, systématiquement, le soir au coucher, il les laisse tomber par terre. Puis il s'en lasse. Il se ronge les ongles et les mordille pendant l'étude, quelle importance, ses mains sont vilaines depuis qu'il y a creusé des petits trous à l'acide. Il soulève l'abattant de son pupitre, et de plusieurs coups secs de son canif, il attaque le bois à l'intérieur. Pour se punir il s'érafle la paume d'une main et va réclamer un pansement à l'infirmerie, expliquant qu'il s'est coupé avec ses ciseaux. Quel maladroit !

Il répète systématiquement tout bas les expressions bavaroises désopilantes de Sepp Klammer, et les jurons grossiers que Gansbischler ou Haserer profèrent à tout bout de champ : *Kruzifix! Blutsauerei! Halt den Mund! Kreizteifi! Sackradie! Himmel, Arsch und Zwirn*[85]*!*

Rien de bien méchant au fond, si ce n'est le désir de singer ses aînés sans se faire remarquer, il se remet dans l'idée de fuguer. Avant de mettre son projet à exécution, il va refaire les cent pas dans le hall de la gare et réapprend par cœur les horaires des trains et leurs correspondances, de tous les trains en partance pour ailleurs. Pour Stuttgart, par exemple, où vit désormais sa mère avec son nouveau mari, Max. Quoiqu'en pense son père, il préfère aller là plutôt que de se retrouver face à face avec sa belle-mère, la gâtée, la dépensière.

Kurt ne compte plus ses sous, rien n'est trop beau pour elle, le jeune garçon a pu constater qu'elle portait un manteau d'astrakan en février, son dernier cadeau de Noël ! Elle a passé son permis comme elle le désirait et conduit sa propre voiture, la première, une Fiat 600, la seconde, plus classe, une Volkswagen blanche cabriolet aux sièges en cuir.

---

[85] Les équivalents de : bordel de Dieu ! Saloperie ! Ta gueule ! Putain ! Sacré nom de Dieu !

Le jeune garçon ne supporte pas sa façon de jouer à la cocotte lorsqu'elle se pointe, perchée sur ses escarpins vernis – elle en possède au moins dix-huit paires ! –, le visage outrageusement maquillée, les cils épaissis de rimmel noir et recourbés à la pince, ses bagues aux doigts et ses bracelets en or. Elle se prend pour une reine, Maüschen, comme Kurt continue de l'appeler avec amour, et une reine a besoin d'être servie. Son époux lui paie une femme de ménage qui s'appelle… incroyable mais vrai, Mme Maus. Mme Souris ! au service de Maüschen, la petite souris ! Le mari de Mme Maus n'a plus qu'un bras, il a perdu le gauche, arraché par une voiture passée trop près d'un puits où il se tenait, en bordure d'une route.

Maüschen établit une liste de produits qui coûtent les yeux de la tête et envoie son petit Dieter les acheter dans une épicerie fine. Le jeune garçon n'a plus envie de laisser son petit demi-frère gagner aux billes, comme le lui a demandé Margot au début, alors Dieti se met à pousser des cris, il est pris d'un tic nerveux, il lève les pupilles du même côté vers le ciel, le blanc de ses yeux apparaît, vitreux. Ne me tape pas sur les nerfs, dit Margot. Rien à faire, il faut attendre que la crise soit passée.

Le jeune garçon n'en peut plus des professeurs qui parlent politique sans arrêt, en claironnant que l'Allemagne est indivisible, qu'il faut une réunification, ils font partie d'un tout, nous avons perdu la guerre mais pas notre courage et notre détermination, ouvrons-nous la porte, ce rideau de fer, où cela va-t-il nous mener ? Où cela va-t-il me mener, moi, se demande-t-il ? Loin du pensionnat, en tout cas.

L'année d'avant, il avait tenté une expérience pendant les petites vacances avec deux camarades, oubliés comme lui. Trois nuits de suite, ils avaient quitté le dortoir sur la pointe des pieds, étaient sortis du pensionnat, s'étaient glissés dans la cave de la maison d'un voisin par la trappe mal fermée et avaient dormi sur des sacs à charbon vides. La quatrième nuit, le propriétaire de la maison les avait surpris et ramenés chez le directeur. Ils en avaient été quittes pour le nettoyage à fond des pissotières de l'internat, une punition qui aurait pu être bien plus sévère, avait insisté M. Wiggler.

Le jeune garçon renonce à fuguer, il lui faudrait un complice, il compense sa frustration d'une autre manière. Une fois, il oublie de fermer le robinet d'eau froide dans les douches, ce qui provoque un début d'inondation, il n'en dit rien, on interroge les pensionnaires, on n'a jamais découvert le responsable. Au réfectoire, il refuse de manger certains plats, prétextant qu'il ne les digère pas, ou alors, il se met à bouffer comme un ogre pendant une semaine et va vomir dans les toilettes. Il en sort en bégayant, fait semblant de ne plus pouvoir parler, il montre sa gorge, comme si quelque chose y était resté coincé, va se coucher en bégayant et continue le lendemain matin, on le croit atteint d'un mal étrange, puis tout d'un coup, il recouvre la parole. Le surveillant Klaus s'interroge, questionne le gamin, ce dernier n'a aucune explication à lui fournir, il prétend ne pas comprendre ce qui lui est arrivé.

La nuit, il fait des crises de somnambulisme, est-ce délibéré ou bien est-il en proie à une affection nouvelle ? À plusieurs reprises, Vatzka le trouve errant dans le corridor en pleine nuit. Le gamin ne sait pas quoi lui répondre quand le surveillant lui demande ce qu'il fait là, c'est la première fois qu'il doit gérer un cas pareil, il le ramène gentiment dans le dortoir. Le matin, le gamin ôte son drap de dessous, il a fait pipi au lit, exprès, mais il se tait. Certains soirs, il empêche ses camarades de s'endormir en fredonnant *Flohwalzer* à tue-tête. Très tôt certains matins, il se lève en catimini, et si personne n'est en vue, déroule le papier toilette jusqu'à la porte et dans le couloir avant d'aller se recoucher. Les grands élèves faisaient ça l'année de son arrivée. Qui pourrait soupçonner cette demi-portion de commettre de tels forfaits, lui qui est si sage en classe, travaille avec ardeur et obtient de bonnes notes à ses compositions ?

Ses bulletins trimestriels sont là pour le témoigner : dès la fin de sa première année, il semble avoir surmonté le mal du pays, c'est devenu un garçon calme et digne de confiance, il a participé avec zèle aux travaux appliqués ; le 14 juillet 1956, le professeur principal juge que la conduite et l'application de cet élève sont méritoires, le 15 janvier 1957, on le trouve très appliqué et consciencieux, il n'y a pas de changement le 21 mai suivant. Le 7 décembre 1957, on remarque que l'élève est doué en anglais, en allemand et en biologie. Les résultats sont encourageants dans les autres matières. Le 15 mai 1958, les résultats laissent à désirer, l'adolescent est triste et dépressif, il a des problèmes de concentration et doit progresser en mathématiques.

Tous reconnaissent qu'il est de constitution fragile, il est souvent malade et souffre encore des séquelles de la grippe. Cette grippe asiatique qui se répand dans le Nord et l'Ouest de l'Allemagne depuis le début du mois de septembre, avant d'atteindre toute l'Europe ; elle contraint les établissements scolaires à fermer leurs portes à Hambourg ; les cours sont suspendus en Rhénanie-Westphalie, où le gamin se trouvait chez son père, une quinzaine de jours avant la rentrée. Le mardi 24 septembre 1957, jour de son treizième anniversaire, le virus de la grippe le frappe.

Dans cette épreuve, il a échappé au pire, dira un professeur après coup : un mois plus tard, en effet, on lit dans le journal local que jusqu'ici, 337 000 personnes ont été touchées par l'épidémie et 244 personnes sont décédées des suites de la grippe, d'après les indications fournies par le ministère de l'Intérieur de Bavière. Le collège-lycée de Pfarrkirchen est fermé, les externes sont priés de rester chez eux.

Le jeune garçon restera plus d'une huitaine à l'infirmerie de l'internat avec des accès de fièvre délirante à plus de 40°, plongeant le médecin dans la plus vive inquiétude… Il n'est pas le seul à être alité, parmi les pensionnaires, il y a Fritz Starnke, dix-huit ans, qui n'a pas l'air contrarié d'être cloué au lit, bien au contraire, au lieu d'avaler ses comprimés d'aspirine trois fois par jour selon la prescription du médecin scolaire, Walter Petra, il les jette par la fenêtre afin de prolonger son état de béatitude, cette délicieuse confusion des sens que lui procure la fièvre, murmure-t-il au jeune garçon.

Liesel, la fille de cuisine, leur apporte les repas sur un plateau, des bouillons de légumes, des boules de viande pâlotte posées sur une épaisse purée de pommes de terre, la plupart des garçons ne mangent rien, le gamin maigrit à vue d'œil, le praticien s'arrête devant son lit, note le nom du malade, secoue la tête, lui prescrit une dose plus forte d'aspirine, mais avec ça, attention, il faut que tu t'alimentes, sinon, tu vas mourir ! Il ordonne que lui soient appliqués des cataplasmes d'eau froide sur le front et sous les mollets, c'est le surveillant Klaus qui sera chargé de les lui administrer. Il reçoit de la maison une robe de chambre comme cadeau d'anniversaire. Tu vois, quand tu seras guéri, tu pourras la mettre, lui dit le surveillant.

Peu à peu, la vie ordinaire reprend son cours, le jeune garçon a compris que surmonter la maladie représente une victoire, même si elle a laissé des traces, la volonté de s'en sortir a été plus forte que le renoncement, il se remet au travail avec l'idée fixe d'aller jusqu'au bout, son but est de franchir le dernier cap, terminer cette année pourrie, traverser la suivante et arriver à la fin du mois de juin 1959 en bon état pour démontrer à son père qu'il n'est pas qu'un moins que rien, il n'est plus un mouflet ou un sale mioche, on peut tirer quelque chose de positif de son obstination.

Dans le bulletin trimestriel du 9 décembre 1958, le directeur écrit que l'élève est déterminé, il poursuit son but avec résolution. Son comportement au pensionnat est irréprochable. Professeurs et surveillants semblent contents de lui, tant mieux. Il apprend par cœur ce qu'ils lui demandent mais il y ajoute des choses sans nécessité immédiate, des lieux étrangers et des villes éloignées sur des cartes de géographie qu'il passe des heures à étudier, il apprend des mots techniques et compliqués, qu'il répète mentalement jusqu'à ce qu'ils soient dénués de sens.

L'envie lui prend de trier toutes ses affaires, l'intérieur de son pupitre est impeccablement rangé, son armoire, *idem,* sa manie d'ordre extrême vire à l'obsession. « Chaque chose à sa place ! » C'est sa devise. Si un objet ou un vêtement est de travers, il rectifie sa position. Lui qui n'a jamais tenu de carnet de vocabulaire anglais en commence un, le termine, en commence un autre avec méthode et rigueur. Il découpe dans les journaux des modèles de parties d'échecs à terminer et les colle dans un cahier spécial, les blancs jouent et gagnent en deux coups, en trois coups… il note les solutions au fur et à mesure et refait les parties tout seul ou avec Manfred Steiner, de Mühldorf, le rouquin au visage couvert de taches de son, qui pue de la bouche ; peu importe, il l'accompagne à bord du tortillard qui roule à travers champs en direction de son village et ils commencent une partie.

Le jeune garçon grandit et tente de s'adapter au mieux afin de rendre son existence plus agréable en compagnie de ses deux camarades, Andy, aux mèches brunes qui lui retombent sur les yeux et Normann, le blond ; le premier organise les soirées de jazz et fait circuler les informations concernant son petit orchestre, le second joue de la trompette, ils se taquinent sans arrêt mais s'entendent bien, t'es qu'un bluffeur, ricane Normann en s'adressant à son copain ; Andy, par on ne sait quel miracle, a le droit d'utiliser sa radio à l'internat bien que les transistors y soient interdits. Beaucoup l'envient, Scheider, en particulier. Orphelin de père, il n'a pas d'argent de poche du tout. Soudain, il en a assez pour sortir avec les filles. On parle de vols à l'internat, Sergio Vesti est en possession d'un porte-monnaie qui ne lui appartient pas. On le lui confisque, il est puni, interdit de sortie, les vols continuent. Vesti est innocent. Qui a voulu le faire accuser ?

Vatzka procède à un interrogatoire pour régler l'affaire. Andy pousse le jeune garçon à dire au surveillant : Andy m'a emprunté une pièce de 2 marks. Il obéit. Il se demande comment Andy a réussi à prendre un train pour Bruchsal avec un billet, mais payé par qui ? La confiance ne règne plus, Andy ouvre sa grande gueule un peu trop souvent et menace de révéler des choses compromettantes. Qui pourraient embarrasser certains surveillants. Il faut garder le silence… Bientôt, on ne parle plus de vol au pensionnat.

Pendant les heures de permanence, le jeune garçon observe ses pairs. Certains sortent de l'ordinaire. Leurs faits et gestes lui reviennent en mémoire quand il peine à trouver le sommeil au début de la nuit, dans le dortoir silencieux.

Gerd Frühling, par exemple, onze ans et demi, n'arrête pas de réclamer sa mère devant tout le monde sans éprouver la moindre honte. Il s'amuse au lieu de travailler et pique du nez quand il craint qu'une calotte ne lui soit administrée. Il quitte son pupitre et va plonger la main dans l'aquarium afin de toucher les poissons rouges, il a besoin de contact animal, explique-t-il. Il raconte qu'il a adopté un lapin chez le fils du brasseur, juste pour pouvoir le caresser ; bien sûr, les animaux sont interdits au pensionnat, alors il le laisse là-bas. Dehors, au pied d'un arbre, il conserve une grenouille sous un bocal ; tu peux la toucher, dit-il aux uns et aux autres. Personne ne s'y hasarde. Il collectionne aussi les hannetons qu'il garde dans une boîte en carton dont le couvercle est percé de minuscules trous. Il la range dans son casier et, chaque matin, il la porte à son oreille pour écouter ses insectes crisser. Un jour, il n'entend plus le frottement de leurs ailes et leurs pattes, les hannetons gisent au fond de la boîte, tout raides.

À la douche, Gerd s'interdit toute assistance, il a sa propre méthode pour se laver le corps, il ne se frictionne jamais le dos ; bien entendu, chacun s'échine à lui tirer les cheveux, le pousser, lui envoyer des coups de poing, des chiquenaudes sur les pommettes. Et lui de se mettre en position de défense, mains croisées sur la tête, avant-bras repliés et coudes joints pour esquiver autant que possible les attaques. Il se contorsionne afin de ne jamais laisser son visage à découvert et recevoir une gifle en pleine figure.

Il y a aussi Heinz Rauschel qui démonte et remonte tout ce qui lui tombe sous la main, les stylos à bille, entre autres. Il organise sa fuite avec Lothar Schannen, un pauvre bougre. Ils empruntent les sous-bois afin de ne pas être repérés, le garde-forestier les croise, ils ont beau lui expliquer qu'ils vont rendre visite à leurs grands-parents pour les vacances, le gaillard est sceptique, ce n'est pas les vacances, il le sait bien, et puis vos sacs à dos, là, ils me paraissent bien lourds, poursuit-il, ouvrez-les ! La voix du garde prend un ton menaçant, ils n'osent pas désobéir, ils sont reconduits au pensionnat.

Lothar Schannen, justement, c'est le cas à part. D'abord, il refuse catégoriquement de se laver, il tourne mal, celui-là, murmure-t-on dans les couloirs. Les surveillants l'envoient régulièrement se débarbouiller dans les douches, il n'obéit pas, aucune punition ne l'atteint, il s'en fout, il est traité de tous les noms par ses camarades, qui ne le sont pas vraiment, il s'en moque, sale moineau ! lui crient-ils sur son passage, cochon ! sale porc ! gros dégoûtant ! pourceau ! Il ne bronche pas, l'hygiène, j'en ai rien à branler, ronchonne-t-il. Harangué par les surveillants pour qu'il raccommode ses vêtements déchirés, il refuse d'obtempérer.

Il a perdu son père à la guerre, il tombe dans la déprime et la déchéance. Non seulement ses pulls et ses pantalons sont troués, mais ses groles en plastique de mauvaise qualité le font transpirer des pieds, quand il les ôte pour le sport, ça sent si mauvais que plus personne ne s'assoit près de lui sur le banc. Il ne se coiffe plus, sa crinière ébouriffée ressemble à de l'étoupe. Ta chemise est vraiment dégueulasse, s'indigne le professeur de gym, tu devrais la faire teindre, comme ça le blanc ressortirait ! Lothar Schannen ne sait pas ce qu'il lui arrive, personne n'essaie de comprendre ce qu'il lui arrive, même pas Heinz Rauschel, rebuté par l'état délabré de son compagnon de fuite d'un jour.

Et puis, il y a des internes qui ont développé d'étranges manies : l'un d'eux passe tout son temps libre à réparer un vieux coffre en bois, il ne faut pas lui demander à quelle fin, il dévisage le curieux comme pour lui signifier que mettre les bouts avec un sac à dos, c'est débile, on se fait remarquer tout de suite, t'as bien vu où Schannen et Rauschel ont atterri !

Un autre amasse dans un sac en toile tout ce qu'on met dans une trousse de soins d'urgence, un flacon d'alcool, un autre de mercurochrome, des bandes de gaze, des pansements, une paire de petits ciseaux ; il emporte son sac à chaque excursion dans la campagne, mais en cas de besoin, si quelqu'un s'écorche un mollet sur des ronces ou s'enfonce une écharde en s'asseyant sur un banc de bois, il ne l'ouvre jamais, pas le moindre morceau de sparadrap, pas une goutte de désinfectant ne sortent de son stock.

Un autre encore se tient au premier étage pendant des heures, accroupi à une fenêtre ouverte sur la rue, des jumelles collées sur les yeux jusqu'à ce qu'un surveillant l'aperçoive et les lui confisque, qu'est-ce que les gens vont penser ? Ils vont te prendre pour un détenu qui épie leurs mouvements ! Ouste ! fiche-moi le camp d'ici ! Le détenu s'éloigne, attend patiemment de récupérer ses longues vues et se trouve un poste d'observation, quelques jours plus tard, quelques fenêtres plus loin.

Un certain externe dénommé Fritz Süller est impliqué dans une fâcheuse histoire dont on ne sait pas grand-chose, on voit seulement qu'il est ébranlé par l'affaire, il devient la bête noire du collège, il raconte comment il s'est fait pincer par les flics mais n'en dit pas plus. Un interne, Berger, emmène une fille en plein jour dans son dortoir et ils couchent ensemble. Il se fait pincer, lui aussi, mais personne ne le traite de bête noire. On le salue en héros !

Quant aux redoublants, ils ne passent pas inaperçus non plus. Christian se rase le dimanche matin pour accompagner son pote Hermann à l'hippodrome, où ils vont draguer les demoiselles ; s'ils se font prendre ils sont punis. Ça ne les arrête pas. Christian fume au cours du professeur de dessin, M. Kaller : il s'installe au fond de la classe, ouvre une fenêtre et répète sans arrêt : génial ! Bien ! Ma foi ! Superbe ! suivis de toutes sortes d'expressions en rhénan. Lorsque le prof l'interroge, il baragouine dans un dialecte que personne ne comprend. Les aînés traitent les plus jeunes de grincheux, de renfrognés, de hargneux, de maigrelets ; eux, ce sont de grandes gueules qui peuvent tout se permettre : accoster les filles, glousser, se trémousser ou émettre des ricanements qui résonnent dans tout le compartiment d'un train lorsqu'ils sont de sortie.

Et dans leur sillage, le jeune garçon est saisi d'un éphémère sentiment d'envie et d'admiration. Il n'a pas l'audace de les imiter, que penserait de lui Heidi Dassel, qu'il escorte au terrain de sport, elle a de telles enjambées que ça lui est difficile de ne pas se laisser distancer ; il la regarde s'entraîner à la course d'obstacles sous la pluie, les pompons de ses chaussettes volent quand elle s'élance pour franchir une haie après l'autre. Il est amoureux d'elle en secret. La première fois qu'il l'a aperçue, c'était au temple, l'année de son arrivée.

Dans son dernier sermon, le pasteur Rollinger a parlé du profond respect que l'homme doit à la femme, vous devez suivre cet exemple, jeunes gens, martèle-t-il à ses ouailles. Le jeune garçon se joint à la petite bande de gars et de filles ; ensemble, ils se promènent dans la nature, il reste aux côtés de Heidi, pensif. Comment se comporter avec elle pour lui être agréable ?

Elle ne vient jamais aux joyeuses soirées animées par Andy et Normann, au cours desquelles sont jouées de courtes comédies, suivies d'histoires drôles, de blagues, et à la fin desquelles l'orchestre interprète des morceaux de jazz, Starnke au piano, Robert Meyer à la trompette ; à la batterie, Richard Stradler, Ludwig Treuber et M. Kaller.

M. Kaller donne des cours de gymnastique à l'occasion, lorsque Schlager, son acolyte, est absent. En fait, il est professeur de dessin. Il se vante de pouvoir tirer des traits impeccablement droits sans avoir recours à une règle. Chaque année, son collègue Wiesner se met en tête de dénicher au moins un élève doué qu'il va, dès lors, ne plus lâcher car, c'est certain, il sera reçu au concours d'entrée à l'Académie des Beaux-Arts. Wiesner, frappé d'inspiration, a décoré deux murs dans le hall du pensionnat.

Sur l'un, il a peint une immense fresque qui attire tous les regards : deux hommes en chapeau et manteau tirent les deux bouts d'une corde enroulée autour du museau d'un robuste cheval, dressé sur ses sabots arrière ; l'animal, apeuré, entravé par le lien solide qui lui tient la gueule fermée, tourne la tête vers la gauche. En arrière-plan, se détache le contour de l'église de Gartlberg ; le tableau est censé illustrer la force physique des paysans de Rottal, soutenus par leur foi en Dieu ; l'animal est la représentation symbolique de la fougue qui anime la jeunesse, que seul le Seigneur pourra contenir.

Dans un article paru dans le journal de Passau, un journaliste compare avec un certain humour les deux hommes de la fresque aux éducateurs de l'internat qui ont pour mission de dompter les internes qui se cabrent !

Emporté dans son élan, l'artiste a peint de couleurs vives une scène champêtre sur l'autre mur : plusieurs garçons en slip de bain jouant au ballon dans les graminées. Normann les a reluqués de près, ces Apollons sportifs, il trouve que le prof leur a attribué des sexes démesurés, qu'est-ce que t'en penses, Andy ? Leur slip est trop moulant, voilà tout, répond Andy en soupesant ses testicules.

La dernière année

Les derniers mois de l'année 1958-1959 au pensionnat s'écoulent doucettement, l'adolescent tient la promesse qu'il s'est faite de se tenir à carreau et de travailler d'arrache-pied afin de satisfaire les désirs de son père. Il obtient une bonne note à sa composition d'allemand, quelle revanche sur sa rédaction du premier trimestre ! Hanz Spierz, son professeur, n'avait pas tenu compte de ses efforts, son travail était hors-sujet, avait-il déclaré. Le garçon avait été d'autant plus déçu que, pour la meilleure composition, il y avait une récompense à la clé : un tour dans la voiture-radio de la police municipale. Il aimait bien M. Spierz, parce qu'il jouait aux échecs avec lui de temps en temps. Et là, il s'était senti frustré. Le prof avait attribué la récompense à Robert Kieffer, qui n'avait rien écrit du tout !

Seulement depuis son arrivée, Kieffer joue la comédie de l'orphelin qui habite chez ses grands-parents : je me sens seul, ma mère est dans la zone Est, je ne la vois plus, elle est remariée, pleurniche-t-il. Il l'avait déjà dit, au cours de Mme Weiβ, qu'il recevait une lettre de temps à autre. L'adolescent a effectivement vu dans le pupitre de Kieffer les enveloppes brunâtres et l'encre qui a déteint dessus, il a remarqué les timbres inhabituels. Comment se fait-il que tout le monde l'aime, ce Kieffer ? En outre, c'est un sportif, il court le cent mètres, classé troisième, il est bon en athlétisme.

Étais-je jaloux de Robert Kieffer, se demande l'adolescent. Moi aussi j'étais seul, j'ai morflé, je m'en suis tiré. M'en suis-je tiré ? Au moins je n'ai pas renoncé. Le printemps est revenu, les journées sont agréables, il fait beau en Bavière, les jeunes profitent des températures clémentes pour lire en plein air – lui est plongé dans la lecture de *Goodbye, Mr Chips*[86] –, ils participent à de multiples sorties en compagnie de leurs professeurs. Ils organisent des matchs de volley-ball et de handball. Les surveillants s'y associent. Le début d'une bonne entente, enfin ? Il serait temps.

Parce qu'ils en avalent toujours, des couleuvres ! Au réfectoire surtout : il leur est interdit de quitter la table avant qu'ils n'aient ingurgité toute la nourriture. Si l'un des commensaux reçoit un coup de poing dans le dos parce qu'il refuse de terminer son plat, tout le monde s'arrête de manger. Se distinguer avec humour ne sert à rien, les surveillants d'astreinte ne rigolent pas, en revanche, ils se risquent à des remarques stupides du genre : « l'appétit, ça vient en mangeant ! » « Y'a des gens qui ont rien à bouffer ! », censées les encourager à ne rien laisser dans leur assiette, c'est peine perdue. Alors tombe la menace comme un couperet sur la gorge : couvre-feu, vendredi à 17 h !

---

[86] De l'écrivain britannique James Hilton (1900-1954)

La prof Hilda Schmäck a des préjugés contre les internes ; pendant ses cours d'histoire, elle ne rate pas une occasion de rappeler d'un ton acerbe que ce que l'on peut attendre d'un pensionnaire, soyez assurés, jeunes gens, ce n'est certainement pas ce qu'il apprend gratis chez lui, ni ici en tout cas, car on ne peut pas en tirer grand-chose ! S'ensuit un chapelet de ses tournures préférées à leur encontre : bon à rien ! Fripouille ! Mauvais sujet ! Feignant ! Protester reviendrait à être privé de sortie.

Lorsque, au début de cette année de troisième, l'adolescent s'inscrit au cours de sténographie de M. Ebert, il ne peut résister à la tentation de se singulariser, bien qu'il se soit promis de faire profil bas. Au premier cours, il épèle son nom comme c'en est l'usage au téléphone, quand on veut s'assurer que la personne au bout du fil entend bien les lettres. À l'amusement de tous, Il épèle son nom à toute allure : Bernd, Rudolf, Emil, Norbert, Norbert, Emil, Rudolf, deux fois de suite, si vite que M. Ebert en est resté pétrifié. Puis, saisi d'une violente colère, le prof se lâche : par quelle audace osez-vous… En vingt ans d'enseignement, pareil affront ne m'a été infligé ! Votre conduite est inacceptable ! Et levez-vous, je vous prie, comme il sied, quand je vous adresse la parole, espèce de canaille ! Un interne, bien sûr, tous les mêmes, fulmine-t-il avant de conclure l'incident d'un grinçant et tonitruant : Assis ! L'adolescent reçoit un blâme le jour-même et acquiert la sympathie de plusieurs de ses pairs.

Une compensation par rapport aux années précédentes. En cinquième, il avait tenté de se mettre bien avec Seckmüller en s'asseyant à côté de lui dans la salle d'étude. Ils avaient une rédaction à composer, un sujet de leur choix. Seule la conclusion était imposée : *Les petites étoiles sont les enfants des étoiles. Les enfants aiment lire dans les étoiles*. Les meilleurs devoirs étaient couronnés de prix. Seckmüller avait remporté le premier, un appareil photo et lui le second, un jeu : *Denkfix*[87]*, ein lustiges Frage-Spiel mit 1000 Antworten*. Il aurait préféré prendre des photos en solitaire, plutôt que d'être mis au défi en compagnie des autres.

Le rituel du matin – Fenêtres grandes ouvertes ! Dehors les gaz ! Dehors la puanteur du dortoir ! – n'a plus aucun effet sur l'adolescent dont les gestes sont devenus mécaniques, on est le 14 mai, une journée commence, elle sera bientôt terminée, bientôt, j'aurai quitté ces lieux, songe-t-il, le mois prochain.

Mais en fin d'après-midi ce jour-là, un accident se produit sur la route de Pfarrkirchen, à quelques kilomètres de l'établissement. Hanz Spierz revient en moto de son club d'échecs, où il a disputé plusieurs parties. On apprendra après coup qu'il en a gagné deux. Échec au roi ! Se prend-il pour un fou sur le chemin du retour ? Se sent-il investi des pouvoirs insoupçonnés du cavalier sur l'échiquier ? Élancé à vive allure dans un virage, il perd le contrôle de sa vie, qui se brise dans le fossé. Il a 36 ans.

Nous avons perdu un professeur de valeur, l'ami bienveillant des élèves et un collègue d'une grande gentillesse, écrira le proviseur dans l'album de l'année 1958-1959.

---

[87] Jeu de mémoire, composé de cartes avec questions/réponses sur divers sujets, semblable au *Trivial pursuit*. Le but est de donner la solution le plus vite possible.

La mort brutale de Spierz ébranle l'adolescent, il revêt un bouclier infrangible et reste mutique le lendemain. Des questions le tourneboulent. Spierz était vivant hier, il n'existe plus à présent, où est-il ? Est-ce plus facile pour lui d'être mort ? N'est-ce pas plus facile de ne plus vivre, de ne plus avoir à lutter tout le temps ? La mort est une solution raisonnable, je n'aurais plus à me battre pour répondre aux attentes des autres, me sentir aimé, avoir un ami. Aurais-je le courage de traverser une voie ferrée à l'arrivée d'un train ?

Des grognements sourds suivis de cris perçants viennent interrompre sa réflexion lugubre. On est en train d'égorger un cochon dans le voisinage. Le directeur, M. Wiggler, est allé se plaindre au marchand de pourceaux, propriétaire de la ferme la plus proche du pensionnat. Ce dernier laisse ses bêtes en liberté dans sa cour et l'une d'elles, une truie aux oreilles tachées de noir, a pris l'habitude de venir se ravitailler dans les poubelles emplies de détritus et d'épluchures en provenance des cuisines du réfectoire. Le marchand a mis fin au désagrément. Il n'a plus qu'à vendre sa viande au marché. À des prix qui défient toute concurrence. Une bonne affaire pour approvisionner les stocks du réfectoire. Il faut parfois qu'un cochon soit tué pour que l'on renonce à l'idée de se supprimer.

C'est un péché de mettre un terme à la vie qui vous a été donnée, a dit le pasteur Rollinger, lors d'un prêche, l'année dernière. Il est père de cinq enfants. Je suis aussi votre père spirituel à tous, clame-t-il à ses ouailles depuis l'autel. C'est lui qui a insisté pour que l'adolescent suive les cours d'instruction religieuse des catéchumènes, l'année avant la confirmation. Même s'il ne le considère pas comme un membre de la paroisse, il veut bien l'accepter au sein de l'église. Le jeune garçon n'a jamais eu le droit d'aller tirer la corde pour faire tinter la cloche avant l'office le dimanche. Seul celui qui peut réciter vingt fois des versets du *Livre des Cantiques* y est autorisé.

Contrairement au pasteur Fretsch, qui est bien moins sévère et dont l'épouse, Magda, est beaucoup plus attrayante, Rollinger tient une fiche de présence et n'hésite pas à rappeler le jeune garçon à l'ordre : je ne te vois pas souvent te comporter tel un fidèle serviteur de Dieu. Ton manque de maturité est établi, on ne brave pas Dieu impunément. Le jeune garçon ne prête pas attention à ses récriminations, je n'aime pas cet homme avec sa moustache à la Hitler qui lance Salut à toi ! pour me dire bonjour. Et puis ses commentaires – Quel beau signe que celui de la croix ! Ainsi soit-il. Quelles sublimes paroles ! Il n'y a plus qu'à s'incliner – ne me touchent pas.

Il repense à ce qu'a dit le pasteur d'un ton lugubre lors des obsèques de Hanz Spierz : « Sa vie a été mise en échec par la volonté du ciel. » Un jeu de mot de bien mauvais goût, songe-t-il. Il croise Magda, comme elle est séduisante ! Elle lui adresse le plus charmant de ses sourires. Il aimerait bien la revoir ! Allons rendre visite à son mari, se dit-il. Le pasteur Fretsch lui rappelle qu'une confirmation est un acte que l'on accomplit en toute liberté. C'est toi qui choisis de prendre ou non cette voie, lui explique-t-il d'un ton rassurant. Magda, assise à ses côtés, lui prend la main, comme pour l'encourager. Le garçon est ému, il prend confiance, se promet d'embrasser Heidi Dassel sur la bouche la prochaine fois qu'il l'accompagne au terrain de sport et s'engage à mener une vie de bon chrétien, bien que, nulle part en ces lieux, il n'ait croisé le regard de Dieu. À la fin du mois de mai, il passe sa confirmation et assiste avec quelques-uns de ses camarades à la Sainte Cène, le repas auquel le Seigneur convie les confirmands.

À la belle saison, les serviteurs de Dieu se dispersent dans les champs, les plus âgés rejoignent des bistrots, à l'abri des regards, les jeunes scouts catholiques établissent un camp sur la rive de la Rott et dorment à la belle étoile. Ils sont assidus aux cours de catéchisme qui commencent chaque année après les vacances de Toussaint, une fois par semaine, de 5 à 6. Ce qui signifie, pour d'autres, moins fervents, un peu plus de temps libre pour aller se balader et méditer les paroles du prêtre : « Tout ce que nous apprenons sur les conditions de la vie nous est offert par le Seigneur bienveillant et tout puissant, il nous regarde yeux dans les yeux, rien ne sert de regimber, la loi du Seigneur est la plus forte. »

En ce début du mois de juin 1959, la chaleur devient caniculaire à Pfarrkirchen. Dès le matin les températures atteignent 20 °C. Les gramens ont jauni dans les parcs, les champs de blé, d'orge et d'avoine blanchissent à vue d'œil sous les rayons brûlants. Les fermiers moissonnent en toute hâte, de peur qu'ils ne perdent leurs récoltes. Les cours au collège et au lycée sont supprimés momentanément. L'après-midi, les élèves cherchent la fraîcheur dans les salles où les vitres des fenêtres sont protégées du soleil. En salle d'étude, l'air est étouffant. Nombreux sont ceux qui vont se rafraîchir le corps et les idées à la piscine, qui n'est rien d'autre qu'un bras de la rivière Rott, entouré de grillages déglingués. Les plus malins les enjambent pour ne pas avoir à payer l'entrée. Fleischinger, devenu prof stagiaire, renvoie un gaillard qui l'a éclaboussé par mégarde en plongeant ! Plus question de l'appeler Boucher, il pourrait en être offensé !

Le 24 juin à la nuit tombée, on aperçoit un feu qui brille sur un rocher, là-haut sur le mont le plus proche. Puis un autre et encore un autre, des lumières surgissent de partout, jusqu'à ce que la terre ressemble à un ciel étoilé. Tout le monde se rassemble dans les rues et les musiciens se mettent à jouer, qui de l'harmonica, qui de l'accordéon. Bientôt l'orchestre du lycée les rejoint, on entend de la trompette, des flûtes et des hautbois, dont les notes s'égrènent légères, montent vers les lampadaires décorés de banderoles orange, de la couleur du feu.

Regardez ! crie quelqu'un dans la foule, en pointant son index vers le haut de la colline. L'église de Gartlberg est illuminée et, depuis le porche, on aperçoit une roue enflammée qui se met en branle et descend la pente doucement en direction de la ville, guidée par les enfants de chœur qui chantent hauts les flammes, hauts les flammes ! Les villageois se mettent à danser, collégiens et lycéens, assis sur des bancs à des tables rectangulaires mangent et boivent à la santé de Jean-Baptiste. Les feux ne seront pas tièdes mais brûlants, s'exclame Hochholzer, un élève de terminale, un bras autour de la taille d'une jolie brune, la fille du brasseur. Grâce à elle, ses copains et lui ont droit à une bière gratuite… La fête se poursuit jusqu'à tard dans la nuit.

Trois jours après les feux de la Saint-Jean, le jeune garçon est convoqué chez M. Ritter, le proviseur du lycée. Ce dernier lui informe qu'il a envoyé une lettre à son père le 8 juin afin de le persuader de laisser son fils commencer sa seconde ici, à Pfarrkirchen, dans cet établissement qui lui est devenu si familier à présent et auquel il s'est attaché. Le jeune garçon essaie d'interrompre le proviseur, de protester, mais non, il n'a pas la parole, laisse-moi terminer d'abord, mon garçon. Je sais que tu as fait de gros efforts pour t'adapter, lorsque tu es arrivé en sixième, poursuit-il, que ç'a été dur pour toi, le pensionnat… mais tu t'en es vaillamment sorti et tu es un bon élément. Je l'ai écrit à ton père, il sait que tu es de constitution fragile et j'en ai profité pour lui rappeler que le climat est bien plus favorable ici qu'à Düsseldorf, un changement de milieu serait catastrophique pour toi.

Et puis, ajoute-t-il, j'ai un argument de poids, tu sais que si tu nous quittes, tu vas perdre un trimestre, l'année scolaire ne débute qu'en avril en Rhénanie. Tu es un garçon ambitieux et il serait dommage d'interrompre une progression aussi remarquable. Tu risques aussi de te retrouver dans une classe où les élèves sont plus forts que toi, alors qu'ici…

Le jeune garçon est désemparé. Il ne s'attendait pas à cette entrevue. Son père lui a promis qu'il quitterait le pensionnat et commencerait sa seconde à Solingen. Il a même évoqué des cours privés de rattrapage en latin, pour qu'il soit d'un bon niveau. Pourquoi mon père ne m'a-t-il pas parlé de cette lettre qu'il a reçue du proviseur ? Et pourquoi celui-ci fait-il pression sur lui ? C'est du chantage, rien d'autre ! Ou bien sont-ils de mèche tous les deux ? Qu'est-ce que mon père lui a répondu ? Les questions se bousculent dans sa tête, il se lève brusquement de sa chaise et quitte le bureau du proviseur sans y avoir été autorisé.

Une semaine plus tard, le jeune garçon est de nouveau convoqué chez M. Ritter. Le proviseur, l'air contrarié, lui ordonne de s'assoir et de l'écouter en silence : ma secrétaire m'a fait part de la réponse de Monsieur votre père. Je suis au regret de vous apprendre que vous allez nous quitter à la fin de cette année scolaire. Monsieur votre père désire que vous rejoigniez le foyer familial, je peux comprendre sa décision, il désire en effet que vous poursuiviez vos études dans un lycée proche de chez lui. Vous allez donc retrouver les vôtres, j'en suis désolé, sincèrement. Mais, comme le fait remarquer votre père, sans doute à juste titre, votre réinscription dans notre établissement reviendrait à engager des frais supplémentaires pour votre pension, ce qu'il ne souhaite pas. Je vous salue, jeune homme, tâchez de mettre à profit les excellentes bases que vous avez acquises chez nous !

C'est bien la première fois que le proviseur me vouvoie, murmure le jeune garçon, un sourire de triomphe sur les lèvres.

Après une nuit traversée de cauchemars où il déambulait sur le trottoir fesses à l'air, avec seulement sur le dos le haut de son pyjama qu'il tirait désespérément vers le bas pour tenter de dissimuler ses parties intimes, le jeune garçon se réveille en sursaut. Le matin s'est enfin levé ; il bondit hors du lit sans se préoccuper des autres et se sent soudain revigoré en songeant qu'il quitte le collège et le pensionnat pour de bon.

Dans la cour de l'établissement, il fait doux, l'été est presque installé à Pfarrkirchen, c'est pas mal d'avoir vécu ici presque quatre années, tout compte fait, se dit-il, j'ai profité des bienfaits de la nature, cela m'a donné des forces. Une brise légère lui envoie un effluve prononcé de purin en pleine figure. Il rebrousse chemin, se dirige vers son casier pour vérifier qu'il n'a rien oublié, sa valise est prête depuis hier soir, il la brandit et repart dehors, il n'a plus qu'à attendre son père.

À la fin de sa dernière lettre Kurt a écrit : tiens-toi prêt, je viendrai te récupérer en voiture dès 9 h, samedi en huit. Le garçon est heureux, il va enfin pouvoir faire plus ample connaissance avec son père, c'est bien lui qui a voulu que je quitte le pensionnat, il veut que je vive à la maison, que je fréquente le lycée de Solingen et que je rentre chez moi, le soir… Il va me parler comme un père parle à son fils.

Le bruit de moteur d'une puissante cylindrée retentit au loin, il dresse l'oreille, ce doit être son père dans sa nouvelle voiture, plus performante que l'ancienne, il l'a achetée cette année, il lui en a parlé dans l'une de ses lettres. Le jeune garçon reste planté sur place, raide comme un piquet. Une Mercedes 180 diesel vert bouteille déboule de la route, freine brusquement, entre au ralenti dans la cour, le gravier crisse sous les pneus. La Mercedes parcourt quelques mètres avant de s'immobiliser sous le préau. Le gamin se précipite. La porte du conducteur s'ouvre. M. Düsberg sort du véhicule. Kurt a envoyé son chauffeur à sa place.

Épilogue

Extrait d'une interview par un étudiant
de M. Leo Brenner, maître de conférences, directeur du
département d'allemand
Université du Maine
2001

Aujourd'hui, c'est vendredi, il est 13 h, je me prépare à rencontrer M. Brenner, l'homme qu'on pourrait appeler M. Vendredi, puisque les étudiants ont l'habitude de le voir en cours ce jour-là. Je vais laisser la parole à un homme qui se dévoile peu et qui, pourtant, a des choses à dire.

– Quand et où êtes-vous né ?
– En 1944, à Bromberg, aujourd'hui la Pologne, je suis né mais je n'ai rien demandé !
– Quelle est votre situation familiale ?
– Je suis marié, j'ai deux filles, adultes.
– Votre principale qualité ?
– La rigueur.
– Votre principal défaut ?
– La rigueur. (Sourires)

– Quel enfant étiez-vous ?
– (Pensif) Insolent et parfois perturbateur, j'ai reçu pas mal de gifles, j'ai eu beaucoup de mal à m'adapter au système scolaire…
– Quels événements ont marqué votre enfance et votre adolescence ?
– Beaucoup, laissés sous silence, on n'en parlait pas à l'époque… Il y a aussi la mort de Staline en 1953, et la construction du mur de Berlin, en 1961, j'avais 17 ans. Nous étions bouleversés, interloqués, bloqués par la crainte d'un nouveau conflit. Ce furent des moments très intenses… La mort de Kennedy également.
– Comment pensez-vous que les autres vous perçoivent ?
– Je ne suis pas très communicatif, les étudiants et les collègues me saluent, je crois qu'ils m'apprécient. Pas tous, bien sûr !
– Quel est, selon vous, le plus beau mot de la langue allemande ?
– (Après une longue réflexion) c'est le mot *Abend* (Das Abend = le soir) Cela me fait penser à ce passage (il cite de mémoire) :

Abend ward's
Und wurde Morgen
Nimmer, nimmer
Stand ich still
Aber immer blieb's verborgen
Was ich suche, was ich will[88]

[88] Extrait de *Der Pilgrim* (Le Pèlerin) de Friedrich von Schiller : Le soir tombe/L'aurore succède à la nuit/Jamais, jamais/Je ne m'arrête/Et ce que je cherche/Ce que je désire/Reste dans l'ombre

Ces vers montrent à quel point il est difficile d'accomplir une action, ils reflètent le mouvement perpétuel de l'être humain à la recherche de ce qu'il ne voit pas…

– Quelles sont vos passions ?

– Hormis le sport, la lecture, je lis beaucoup, notamment des mémoires, les écrits des philosophes. En ce moment, je suis dans *Le Journal des Goncourt* (il me fait remarquer avec humour que c'est une œuvre importante en trois – gros – volumes !) Sinon, j'ai la chance de pouvoir lire en allemand, en français et en anglais, ce qui me permet de dépasser les frontières de ma discipline.

– Qu'est-ce qui vous enrage ?

– Une personne qui ne tient pas sa parole, à qui l'on ne peut se fier.

– La terre explose dans cinq minutes, que faites-vous ?

– J'essaie d'être agréable pendant cinq minutes. (Rires)

– Si vous n'étiez pas devenu ce que vous êtes actuellement, qu'auriez-vous souhaité être ?

– (Sans hésitation) Archéologue : c'est la continuité qui me fascine, le fait de savoir que l'homme n'a pas tout inventé, qu'il y a eu des générations et des générations avant nous, qui ont laissé des vestiges. Les archéologues du futur, que vont-ils hériter de nous ?

– Avez-vous atteint les objectifs que vous vous étiez fixés dans votre jeunesse ?

– Je crois que, dans ma jeunesse, je me suis donné l'objectif de survivre, je n'ai pas toujours été maître de mes mouvements, mais j'assume.

– Avez-vous menti au cours de cet entretien ?

– Non, non, bien sûr que non !

Remerciements

Je tiens à exprimer ma profonde gratitude à mes filles chéries, Elsa et Nora, qui m'ont entourée et soutenue dans ce travail d'écriture.

Je remercie Catherine et Chantal, pour leurs conseils linguistiques avisés et leurs encouragements.

Un grand merci à Daniel, qui m'a aidée à finaliser ce projet.

F.F.B.

Table des matières

Graveurs de mémoire aux éditions L'Harmattan

Dernières parutions

GOÛT (LE) DES TOMATES VERTES. UNE ENFANCE DANS LA GUERRE
Krengel Michel
Tu me replonges dans mon enfance, je vais te raconter ce qui s'est passé. Mais tu vas découvrir la guerre, l'Occupation, des massacres. Enfin la Libération, le retour à la vie. Ce fut long, très long, terrible. On m'a volé une partie de mon enfance. Ce récit relate l'histoire d'une famille juive, depuis son arrivée en France, à la fin du XIXe siècle, alors qu'elle fuyait les pogroms en Russie. Il évoque la guerre de 1939-1945, vue à travers les yeux d'un enfant et telle qu'il l'a vécue.
(Coll. Graveurs de Mémoire, 17.00 euros, 154 p.)
ISBN : 978-2-296-99768-4, ISBN EBOOK : 978-2-296-51636-6

HISTOIRE D'UNE CORRESPONDANCE – Elle pouvait tout lui dire... Il pouvait tout entendre...
Patron Sylviane, De Givenchy Pierre
1975. Une adolescente de 15 ans, Sylviane, écrit à «Marie-Claude et Benoît». Et c'est Pierre qui lui répond. Pendant des années, au fil des lettres échangées, va se tisser une amitié hors du commun. Au-delà des différences d'âge, de situation de vie, Sylviane et Pierre vont se renvoyer, comme face au miroir, questions et réponses essentielles. Tous les deux sortiront grandis et renforcés. Adulte, Sylviane éprouve le besoin de se retourner sur ces pages de son existence.
(Coll. Vivre et l'Ecrire, 13.50 euros, 120 p.)
ISBN : 978-2-336-00249-1, ISBN EBOOK : 978-2-296-51215-3

ITINÉRAIRE D'UN MILITANT
Giard Jean
«Ce ne sont pas des Mémoires, mais plutôt des réflexions que m'inspirent des événements que j'ai vécus, le besoin de porter un autre regard que celui habituellement porté. Je décris un itinéraire, celui d'un militant qui a connu des hauts et des bas, des combats plutôt rudes et des déceptions, des ruptures pour rester fidèle. Un certain devoir de transmission...»
(Coll. Rue des écoles, 20.00 euros, 204 p.)
ISBN : 978-2-343-00108-1, ISBN EBOOK : 978-2-296-53042-3

RETOUR AU PAYS NATAL. HAÏTI, PETIT-GOÂVE
Blaise Mario
Après des décennies d'absence, Mario Blaise retourne en Haïti et se trouve devant une bien triste réalité : le temps a vraiment tout balayé et les événements

qui ont frappé le pays n'ont rien arrangé. La découverte de ce monde perdu changera-t-elle son attitude envers son propre passé ? Arrivera-t-il à se libérer, à s'échapper de sa petite enfance et de Petit-Goâve ? A-t-il une nouvelle identité ?
(Coll. Graveurs de Mémoire, 16.50 euros, 160 p.)
ISBN : 978-2-336-29172-7, ISBN EBOOK : 978-2-296-53034-8

TRENTE PHOTOS PLUS UNE
Jamet Michel
«C'est une sorte d'état des lieux que j'ai voulu réaliser. Que reste-t-il dans la rue ou chez les artisans de ces métiers qu'Irving Penn a si magistralement photographiés ? La rue, si remplie il y a soixante-dix ans, est aujourd'hui vide. (...) C'est vers les artisans d'art dans l'accomplissement de leur tâche que je me suis tourné en leur demandant quelques mots sur leurs métiers pour illustrer les portraits réalisés avec un matériel argentique à l'instar d'Irving Penn.»
(Coll. Rue des écoles, 12.50 euros, 110 p.)
ISBN : 978-2-343-00022-0, ISBN EBOOK : 978-2-296-51597-0

CLAIR DE LUNE, D'UN CIEL À L'AUTRE
Itinéraire d'une Vietnamienne au gré de l'Histoire
Alain Gagnieux, Tran Nguyêt Anh
Tran Nguyêt Anh (Clair de lune) est née en 1938 à Vinh dans le nord du Vietnam. De nombreuses années plus tard, licenciée ès lettres françaises et professeur à Saigon, elle voit son monde s'effondrer, lorsque les communistes du Nord entrent dans Saigon. La famille de la jeune femme vit alors sous un régime policier tracassier et vénal jusqu'à leur exil en France dans les années 1980. Cet ouvrage est un témoignage poignant et précis de ce que fut la vie de nombre de Vietnamiens décidés à vivre libres.
(Janvier 2013, 204 pages, 20 €) *ISBN : 978-2-336-00700-7*

CLAUDE, PAYSAN DE CERGY
Rémy Hebding
L'irruption de la Ville nouvelle de Cergy (Val-d'Oise) dans le calme de la vie campagnarde a été ressentie par les agriculteurs comme une mutation brutale. Une blessure encore ouverte après plusieurs décennies. L'auteur nous fait sentir de l'intérieur cette agression en suivant l'itinéraire d'une famille. Celle de Claude, le «paysan de Cergy». Il rend sensible un rapport spécifique au temps, à la terre, aux autres.
(Janvier 2013, 116 pages, 13 €) *ISBN : 978-2-336-00694-9*

DANS L'OUEST FRANÇAIS, IL ÉTAIT UNE FOIS
Une enfance bretonne et normande
Patrice Hamel
Le souvenir de nos aïeux nous habite pendant toute notre vie. L'auteur, respectueux de son ascendance normande et bretonne, nous restitue sans forfanterie ni concession les confidences que lui avaient faites ses parents et ses grands-parents ainsi que les moments joyeux ou douloureux qui ont émaillé sa jeunesse. De son village natal défile toute une galerie de personnages attachants qui nous interpellent sur le sens à donner à notre propre existence.
(Janvier 2013, 274 pages, 27 €) *ISBN : 978-2-296-99749-3*

UNE GRANDE FAMILLE – Mémoire de comédien
Jean-Philippe Ancelle
La vie de chacun se raconte souvent par le fil des rencontres. C'est encore plus vrai lorsqu'on a choisi la vie d'artiste et qu'on est parvenu à appartenir à cette « grande famille » où se trouvent réunis les plus grands et les plus humbles. Jean-Philippe Ancelle nous déroule une partie de la sienne. Avec un regard sans concession et un esprit aigu, l'auteur lève le rideau sur le spectacle d'une époque déjà révolue mais toujours présente dans les mémoires.
(Janvier 2013, 202 pages, 20,5 €) *ISBN : 978-2-336-00835-6*

MÉMOIRES D'AFRIQUE – Du Sénégal au Gabon 1965-1980
Christian Roche
Parti en 1965 en Afrique dans le cadre de la coopération franco-africaine en qualité de volontaire du service national, l'auteur se découvre une passion pour ce continent où il va vivre durant une quinzaine d'années. C'est à un voyage au coeur d'une Afrique presque d'hier, à l'aube de son indépendance, que l'auteur nous convie ici. Une Afrique qui offre au regard les couleurs magnifiques des bougainvillées toujours en fleurs mais dont les épines blessent la main de qui veut les cueillir.
(Janvier 2013, 218 pages, 22 €) *ISBN : 978-2-336-00841-7*

SALER LA MARE POUR FAIRE LA MER
Jean-Pierre Guy Levasseur
Les souvenirs (plaisirs, émotions, contradictions et échanges avec la famille) prennent ici autant de place que le récit proprement dit de fabrications de l'auteur (objectif de départ) et de ses aventures entre frères. Le lecteur se retrouve ainsi témoin de la liberté d'esprit et d'action d'un enfant qui, dès l'âge de sept ans, ne cesse d'interroger le monde et d'inventer pour le transformer.
(Janvier 2013, 166 pages, 16,5 €) *ISBN : 978-2-336-00257-6*

MES APPRENTIS SAGES. DE L'APPRENTI AU RACONTEUR D'HISTOIRES...
Chalayer Maurice
Maurice Chalayer, formateur d'apprentis, romancier, journaliste et animateur, livre pudiquement et sans tabou un cheminement personnel et particulier. Adolescent, il a souffert du mépris des autres. Afin de savoir si les apprentis d'aujourd'hui ressentent cette forme de relégation, l'auteur a enquêté auprès d'une centaine d'apprentis en formation bois. Il dessine des voies de progrès qui pourraient intensifier l'apprentissage en France et surtout démarginaliser les jeunes qui choisissent cette voie.
(19.50 euros, 194 p.)
ISBN : 978-2-296-99369-3, ISBN EBOOK : 978-2-296-51025-8

QUAND LES ALLIÉS LIBÉRAIENT LA TUNISIE (1942-1943)
Une fillette de Medjez se souvient
De Montgolfier-Ruyer Estelle - Préface de Alya Agrebi-Djamal
Une guerre à neuf ans, toujours présente dans la conscience par les souvenirs de ces jours où l'armée d'Afrique a repris le combat aux côtés des Alliés à Medjez-El-Bab et qu'une longue traque à travers des mémoires de bataille

a permis d'évoquer. Une guerre méconnue, malgré l'importance des leçons qu'elle a données. Mais aussi les souvenirs d'une petite enfance dans une Tunisie rurale si belle, si intéressante par son histoire ancienne, si poignante par sa population.
(Coll. Graveurs de Mémoire, 25.00 euros, 254 p.)
ISBN : 978-2-336-00335-1, ISBN EBOOK : 978-2-296-51134-7

SANS TOI
Khalifa Madeleine
Un rein est disponible. Il accepte la greffe. Le monde infernal et presque carcéral de la dialyse va devenir un lointain souvenir. L'espoir est là. La greffe se passe bien. Quatre ans de répit... La vie est enfin rendue. Mais voilà, il tousse. Cela n'alerte vraiment personne. Tout le monde est concentré sur le rein qui fonctionne à merveille. C'est cette agonie, cette histoire d'amour sans nom que l'auteur raconte dans *Sans toi.* Que se passe-t-il après une greffe ?
(13.50 euros, 124 p.)
ISBN : 978-2-336-00167-8, ISBN EBOOK : 978-2-296-51090-6

LA VÉRITABLE HISTOIRE DES ORTHODOXES D'ESTONIE
Jolivalt Jean-François, Métropolite Stephanos de Tallinn et de toute l'Estonie
En mars 1999, le Métropolite Stephanos Charalambidès reçoit du Patriarche oecuménique de Constantinople la mission de restaurer l'Église orthodoxe d'Estonie dans ses droits spirituels, historiques et temporels. Il ne soupçonne pas encore que cette charge pastorale cache le choc de deux mondes ; la revendication démocratique depuis 1991, et la nostalgie soviétique. Mgr Stephanos et Jean-François Jolivalt, journaliste, nous racontent son combat courageux et ses initiatives pastorales.
(Coll. Graveurs de Mémoire, série Europe du Nord, 38.00 euros, 374 p.)
ISBN : 978-2-336-00626-0, ISBN EBOOK : 978-2-296-51091-3

À L'OMBRE D'EL JADIDA. SOUVENIRS ET TÉMOIGNAGE
Jmahri Mustapha
Écrire ses mémoires, faire le récit rétrospectif de son existence, c'est évoquer sa propre aventure dans ce monde, relater ses rencontres et témoigner de son expérience. Au-delà de la relation d'événements personnels, l'ouvrage se veut hymne à la culture, ce bien inestimable qui est source de partage et expression d'une exigence de relations sociales privilégiées.
(Coll. Graveurs de Mémoire, 17.00 euros, 172 p.)
ISBN : 978-2-336-00486-0, ISBN EBOOK : 978-2-296-50903-0

L'HARMATTAN ITALIA
Via Degli Artisti 15; 10124 Torino

L'HARMATTAN HONGRIE
Könyvesbolt ; Kossuth L. u. 14-16
1053 Budapest

L'HARMATTAN KINSHASA
185, avenue Nyangwe
Commune de Lingwala
Kinshasa, R.D. Congo
(00243) 998697603 ou (00243) 999229662

L'HARMATTAN CONGO
67, av. E. P. Lumumba
Bât. – Congo Pharmacie (Bib. Nat.)
BP2874 Brazzaville
harmattan.congo@yahoo.fr

L'HARMATTAN GUINÉE
Almamya Rue KA 028, en face du restaurant Le Cèdre
OKB agency BP 3470 Conakry
(00224) 60 20 85 08
harmattanguinee@yahoo.fr

L'HARMATTAN CAMEROUN
BP 11486
Face à la SNI, immeuble Don Bosco
Yaoundé
(00237) 99 76 61 66
harmattancam@yahoo.fr

L'HARMATTAN CÔTE D'IVOIRE
Résidence Karl / cité des arts
Abidjan-Cocody 03 BP 1588 Abidjan 03
(00225) 05 77 87 31
etien_nda@yahoo.fr

L'HARMATTAN MAURITANIE
Espace El Kettab du livre francophone
N° 472 avenue du Palais des Congrès
BP 316 Nouakchott
(00222) 63 25 980

L'HARMATTAN SÉNÉGAL
« Villa Rose », rue de Diourbel X G, Point E
BP 45034 Dakar FANN
(00221) 33 825 98 58 / 77 242 25 08
senharmattan@gmail.com

L'HARMATTAN TOGO
1771, Bd du 13 janvier
BP 414 Lomé
Tél : 00 228 2201792
gerry@taama.net

578944 - Septembre 2014
Achevé d'imprimer par